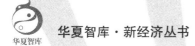
华夏智库·新经济丛书

U0593262

无爆品 不营销
全方位打造尖兵爆破的
营销系统

爆品营销

BAOPIN YINGXIAO

余 强 著

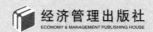
经济管理出版社
ECONOMY & MANAGEMENT PUBLISHING HOUSE

图书在版编目（CIP）数据

爆品营销/余强著 . —北京：经济管理出版社，2019.1

ISBN 978-7-5096-6385-1

Ⅰ.①爆… Ⅱ.①余… Ⅲ.①产品营销 Ⅳ.①F713.50

中国版本图书馆 CIP 数据核字（2019）第 024261 号

组稿编辑：张　艳
责任编辑：张　艳　乔倩颖
责任印制：黄章平
责任校对：董杉珊

出版发行：经济管理出版社
　　　　　（北京市海淀区北蜂窝 8 号中雅大厦 A 座 11 层　100038）
网　　址：www.E-mp.com.cn
电　　话：（010）51915602
印　　刷：三河市延风印装有限公司
经　　销：新华书店
开　　本：720mm×1000mm/16
印　　张：10.25
字　　数：125 千字
版　　次：2019 年 3 月第 1 版　2019 年 3 月第 1 次印刷
书　　号：ISBN 978-7-5096-6385-1
定　　价：42.00 元

前　言

没有卖不好，只有不会卖，无"爆品"不营销

做企业，卖产品，最终离不开的是营销。而营销人面临的一个最大的问题是产品不好卖。很多老板会发出这样的感慨：我的产品是精心研发而成，质量一流，价格也很合理，包装精致，印刷也很精美，在广告上做足了功课，经销商很有信心，销售团队的绩效考核设计也不错。可是，当产品真正开始销售起来，却并没有预想的那样节节攀升、场面火爆。

事实证明，很多产品之所以不畅销不是因为销售渠道不畅，而是产品本身太普通。在当今如此发达的商业经济社会中，缺少的不是产品，而是"爆品"。

所谓"爆品"，从字面来看就是指能够引爆市场的口碑产品，有可能是一款单品，也有可能是系列产品，甚至可能是一项服务，是能让消费者心仪的产品，比如苹果、华为、小米，甚至海底捞，这些产品几乎可以看作是"爆品"的代名词。

由此不难发现，一件商品卖得好不好，第一看产品，第二看方法。现在营销界流行的说法，就是"爆品"思维。如果用一句话来概括本书的编写目的，那就是希望读者能从中学会一种思维，一种从无到有、从0到1的"爆品"思维。无论是创业小白还是已经拥有了自己企业的创业人士，在营销路上，我们需要做到的无非是拥有打造"爆品"的思维和方法，把自己的产品或服务打造成"爆品"，达到销售火爆并持续火爆的营销局面，最终实现在互联网经济时代能有自己的一席之地，并能通过资本联姻，做到既做"爆品"，又投资"爆品"。

现阶段，居民消费结构正在由生存型、物质型、传统型消费向发展型、服务型、新型消费升级，市场竞争越来越激烈，中国商业时代的特征越来越明显，在这个时代背景下，对于一家企业而言，无"爆品"则无出路。特别是当前互联网和移动互联网兴起，传统的营销思路已经发生了很大的改变，"爆品"才是唯一的通行证。如果我们还是墨守成规，在思维和创新意识上不敢有所突破或找不到突破点，那么，很可能在"全民创新、万众独特"的时代大潮里变成被拍"死"在沙滩上的前浪。

对企业而言，要打造"爆品"，首先应尽可能地专注。将传统思维变为互联网思维，在专注的前提下，打造"爆品"要准确抓住用户的痛点，并采取最为有效的方法解决用户的痛点。比如，解决吃穿用度这是强需求，穿一双适脚的鞋子也是强需求，适脚才是有痛点，有痛点的需求才是强需求；打车是强需求，痛点是难打车，不知道司机在哪里，滴滴打车软件就是解决难打车这个痛点而出现的强需求产品；再比如，菜刀是刚需，痛点是菜刀使用过程总需要磨刀，而一款不用磨刀的陶瓷刀就解决了磨刀这个痛点。

其次解决了用户痛点再借助营销的力量，扩大产品的影响范围，想方设法让用户主动分享和传播口碑。在"爆品"从面世到引爆的过程中，最不可或缺的角色就是用户，他们的每一次分享都能够为产品吸引更多的用户。所以，还要用到口碑营销和社群共享。专注于某一细分领域，挖掘并解决用户的痛点，然后驱动用户主动分享，进行口碑传播。可以说，这就是打造"爆品"的基本逻辑。

本书基于上述问题，展开探讨了如何制造"爆品"，如何营销和传播"爆品"，并让"爆品"从火爆到长久地火爆，实现质的飞跃。

本书集理论、方法和相关案例为一体，为你扫除制造"爆品"的盲点和误区，找出真正的关键点和卖点。尤其是传统企业和小微创业公司，都可以在本书中找到升级的路径和参考的方法。

目　录

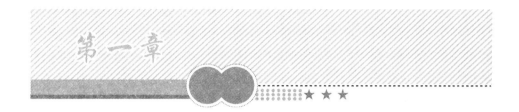

第一章

市场不缺"产品"缺"爆品"

一、经营的核心是经营"爆品"

我们都知道生意要想做好做大，需要具备一定的优势，无论是产品还是人脉或是营销手段，都要有异于他人之处，也就是竞争力。所谓"商业竞争力"，简而言之就是能够持续挣钱的能力。

赚钱不一定能创造价值，但创造价值必然会赚钱。按照过去的传统思维，大家衡量一家企业的好坏，只有一个非常简单的标准：企业能否赚钱。但是，如果一家企业只顾着赚钱，不注重产品质量的提升，虽然可能在某个阶段赚钱了，但最终的结局只有一个：被用户抛弃，被市场淘汰。所以，真正优秀的企业，应该是在为用户创造价值的过程中赚钱。比如，我们看到的"爆品"企业阿里巴巴、京东、老干妈、海底捞等，无不是以为用户带来价值作为企业的宗旨。因而，只有懂得经营用户的企业，才是有生命力的企业。因为只有尊重用户，他们才能找到财富真正的原点——"爆品"。

"爆品"的产生也许不在于企业规模的大小，而在于企业是否站在用户需求的角度去经营。比如，很多摆地摊的商户都在盈利，而有的上市公司却在亏损。对经营者而言，竞争力不同，结果也不同，潜力也不同。有的生意从第一天起就盈利，但是投资机构不会给他们投资，觉得没有价值。有的生意短期内不盈利一直亏损，比如京东，其前10年都不盈利，但是大家都知道京东值钱，受到投资机构的追捧。有的产品只能拼价格，赚取微薄的利润，养家糊口；而同样的产品，换个牌子，就能卖出10倍的价格，这是因为他们的核心竞争力不同。

企业经营必须要有核心竞争力，既可以是技术过硬，又可以是产品有好的口碑，再或者是营销团队厉害，总之，一旦具备一定的核心竞争力，就有可能打造出一款"爆品"，有了"爆品"也就有了经营的胜出之道。

iPhone、小米手机都是典型的"爆品"，它们的共同特点都是在顾客价值链上创新，利用互联网时代的粉丝经济，通过口碑产生爆炸级的效益。海底捞的火锅虽然不存在产品技术上的高科技，但是经营理念也是打造顾客价值链，利用粉丝经济引爆网络传播，同样属于互联网时代的"爆品"。

很多人都想让自己的产品大卖，有无数人主动帮他卖，公司成为大企业。事实上绝大部分是永远做不大的，永远都是几个人的小企业。现实中，中小企业占所有企业的比例是95%以上。如果我们认清了经营竞争力的层级，就能看透这个问题，确立自己的核心竞争力，那么才有机会从小公司变成大公司。

所以，经营的核心是经营"爆品"，成为"爆品"有几个条件：一是在产品和服务的水准相同的情况下，有成本优势。二是绝对成本相差无几，但产品和服务的水准高一个台阶。三是能带来高流量的传播。技术领先、成本领先、引爆市场的高流量，这三个条件就是造就"爆品"的必备要素。

"爆品"顾名思义，就是引爆市场的口碑产品。"爆品"一词是在移动互联网时代下出现的词汇，是指在市场上受到消费者追捧、特别热销的产品。每一款称得上是"爆品"的产品，都代表着专注某一类用户、能体现消费者痛点、以用户思维为导向进行设计，并且可以为企业创造更多、更高利润的产品，甚至只是一款单品。

传统工业时代的超级产品，所有创新是"以公司为中心"，成功要素是技术创新、工厂以及渠道，用户不是不重要，而是在整个价值链里处于非核心位置。互联网时代的"爆品"，所有创新是"以用户为中心"，成功要素不再是工厂、渠道等，而是"杀手级"硬件体验、"杀手级"软件体验，甚至让用户成为粉丝。

传统工业时代的"爆品"是很少的，但是在互联网时代必须比拼"爆品"。传统工业时代是很难相信单一产品能够产生规模效应，但是在互联网时代一定要相信，一个极致的单品就能火爆市场。

二、要么打造"爆品"，要么被颠覆

现在流行一句话：这是最好的时代，也是最坏的时代。如果跟得上节奏就会感觉是最好的时代，如果跟不上节奏则会感觉处在了最坏的时代。这是一个必须自我颠覆的时代。为什么？因为经济发展的驱动力被颠覆了。美国企业史学者钱德勒说，传统时代经济发展的原动力和驱动力是规模和范围。规模是做到最大，范围是做到最广，由此来提高门槛让竞争者很难进入。

随着互联网和移动互联网的发展，经济发展的驱动力是平台，竞争的优势是"爆品"。平台就是快速配置资源的框架，在互联网上，各种资源可以进行无障碍沟通。在这样无障碍情形下，想要脱颖而出唯有打造出一个"爆品"才行。

过去，消费者属于价格敏感型经济。如今，消费不再以价格为导向，而是迎来了以体验感、价值感为主体的升级浪潮，这让所有的公司都不得不思考一个问题：在互联网时代，企业想要成功的最重要战略是什么？

既然是体验为王，价值感占据绝对的主导地位，成功的关键要素还是产品。用户看中的不是你的公司牛不牛，而是你的产品值不值。如果你的产品不能给用户带来超值的体验，那么早晚都会在激烈的市场竞争中败下阵来。除非你能找到一个让顾客购买的理由，甚至可以击败传统品牌，这就是目前营销的革命。

移动互联网带来的最大颠覆，是让我们的世界变得扁平，让我们的竞争环境、竞争策略发生本质性的改变，从而让我们的世界变成只有两种产品：第一种是普通产品，第二种是"爆品"，而"爆品"是用来打败普通产品的。为什么这么说呢？在目前市场经济条件下，产品供大于求，普通的产品随便就能找到，而真正的"爆品"却非常稀缺。可见，一旦成为"爆品"，就会颠覆普通产品。

"爆品"能持续带来流量与关注，而普通产品则很容易被淹没在商业的洪流中，被悄无声息地遗忘在互联网的浪潮中。在传统的商业模式里，流量是非常透明的。以前在路边开一家店，大家竞争非常公平，顾客从街头逛到街尾，或者从街角逛到街头，客流量是平均的。但现在不一样，互联网时代，搜索是最大的流量来源。用户打开淘宝、天猫、京东、百度等网站，搜索关键词，一般按照排序最多看前三页店铺，每家都大同小异，选一家合适的就下单了。而大量新开的店铺往往被压在十几页甚至几十页之后，几乎不可能从"搜索"中获取到任何有效流量。所以，普通产品、普通店面没有出路，只有"爆品"才能生存和发展。

如今"爆品"思路影响了各个领域，如全球多个电影公司，每年会对自己的产品进行"爆品"的全方位打造，而"爆品"最终被用户们记住，从而通过市场的接纳获得良好的经济回报。

我们来看一下西贝莜面村打造"爆品"的思路。

西贝莜面村是餐饮行业的一个标杆公司，受定位影响，在 2012 年曾经启动了一个大项目，花费几千万元改名为西贝西北菜，而且请来《舌尖上的中国》中的黄老汉为"西贝西北菜"代言。但是，两年之后，西贝又改回了"西贝莜面村"。其实，西贝创始人贾国龙在两年内改了四次名，有"西贝民间菜""西贝西北菜"，再到"西贝烹羊专家"，最后还是回到"西贝莜面村"。最终，依然是在用户体验上做文章，定了一个"好吃战略"，甚至在西贝莜面村做了一个极致的卖点：不好吃不要钱。

西贝把店当作一个"爆品"，做了一系列的体验式改革：

（1）明厨明档模式，让用户一眼看得到。

（2）把菜单上的菜由 100 多道减为 45 道以内，由中央厨房保证品质。

（3）大规模请"粉丝"参与研发菜品。

西贝莜面村表面看似"折腾"，其实背后是寻求方法论的升级。表面上这是一家传统的餐饮企业，背后则有着互联网的内心。"爆品思维"也给西贝莜面村带来极大的好处，在时下餐饮业受到极大冲击的背景下，西贝莜面村于 2015 年开业了 53 家门店，2016 年开业了 70 家店，他们的目标是开到1000 家。

如今互联网营销拼的是"爆品"，那些以往纵使看起来很耀眼的东西如今再怎么镀金也发不出特殊的光芒。"爆品"的核心是体验大于一切、认知大于事实。对于经营者而言，也只有打造"爆品"才能在商品多如牛毛、资源泛滥的市场中拥有一席之地。

三、如何定义"爆品"

"爆品"顾名思义即短时间内形成爆炸式增长的产品。"爆品"专家金错刀先生在《'爆品'战略》一书中称'爆品'是引爆市场的口碑产品，甚至只是一款单品"。

"爆品"不仅是产品中品质好、人气旺、口碑好、销售火爆的畅销品，它更是以消费者为中心，以消费者痛点为核心出发点的一种全新的营销战略思维，作为品牌个性化的集中体现，它能帮助企业在竞争中找到或重塑属于自己的优势地位。

"爆品"是由"爆"和"品"两个字组成的。"爆"是指引爆、爆发，"品"是指产品、品牌、品质、人品，也就是说口口传播，形成口碑。只有好的品质才会产生好的口碑，好的口碑就会带动产品的爆发。比如，手机中的"小米"、鞋中的"小白鞋"、火锅中的"海底捞"，都是典型的"爆品"代表。

现在已经进入一个"爆品"为王的时代，我们看到这几年生意红火的企业，其实都不是靠一系列的产品，而是靠几个产品做起来的。最有名的案例就是小米手机，小米1、小米2、小米2S、小米3直到后来的红米系列，包括现在的小米mix系列。小米公司主卖几款产品，而一年达到几千万台的销售量，这是以前不可想象的。

从小米公司的事例可以看出，把产品打造成"爆品"需要寻找和解决用户痛点，至少要有一个以上的用户痛点。这怎么解释？简单来讲就是你的产品一定要解决用户的一直没有被解决的问题或困难。

比如，客户买钻孔机，你要给客户的不是一个钻孔机，而应是一个孔。客户想要的是一个孔，并不关心钻孔机的功率、转速、颜色等。如果只是给客户描绘钻孔机功率是多少，颜色多么好看，这并不能吸引客户，客户想要的是那个孔。你应该更多地去描述，使用这个钻孔机可以如何轻松地钻开一个孔，即便是一位力气较小的女性也可以做到，而且是可以在任何材质上轻松钻孔，不管是木板、大理石、石头、墙壁、铁皮，都可以轻松钻孔。这才是客户关心的问题，客户想要的结果才是客户痛点。

谈到"爆品"一定要和"爆款"加以区别，"爆款"是区别于一般产品而相对销量较好的产品，简称"爆款"。而"爆品"不仅能持续地热销，还会受到消费者一直的追捧，更是企业的拳头产品，可以为企业创造更多更高的利润。

所谓"爆品"，"爆"是结果，"品"才是根本，太渴望"爆"，就容易忘了"品"，也就很有可能跑偏，成为成功学的把戏。成功没有"方便法门"，要做好产品，就要做好坐冷板凳的心理准备。只有对于"爆品"有了理性思考，回归到潜心做好产品的正确轨道上来。才能真正属于自己企业经营的"爆品"。

另外，"爆品"和目前"超级单品"的概念有趋同之处。"超级单品"来自于互联网时代，是企业为了更好地满足消费者需求，围绕消费者利益最大化形成的产品线里的最能展现企业文化和灵魂的核心产品，是"消费效率之争"下的产物。同时，"超级单品"和"爆品"的演变过程和形态，是围绕消费者需求的商业模式演变过程和形态的一个缩影。在工业时代，围绕"生产效率之争"是品牌竞争的主流，信息传播的极度不对称，使消费者无法获得足够的信息来选择自己需要的产品，虽然都说"消费者是上帝"，但消费者从来没成为过"上帝"。因此，企业降低生产成本，提高生产效率，成为核心竞争取向，从而产生了"爆品"的概念。

一百年前的福特T型车，一百年后的苹果iPhone和雷军的小米手机，都是"爆品"引发的大变化，也是两个时代的两种超级产品模式。从中我们不难发现，传统工业时代的超级产品，所有创新是"以公司为中心"，成功要素是技术创新、工厂以及渠道，用户并不是不重要，而是在整个价值链里处于非核心位置。互联网时代的超级产品，所有创新是"以用户为中心"，成功要素不再是工厂、渠道等，而是用户体验、产品体验以及让用户成为"粉丝"。所以，成为"爆品"必须具备几个关键因素：

第一，从打造极致的单品开始。传统工业时代单一产品是很难一枝独秀的，但是在互联网时代一定要相信，把一款产品、一个卖点做到极致，就能打爆市场。

第二，要找到客户的应用点。传统工业时代强调的是价格，互联网时代强调的则是应用，就是要找到用户的应用点，而不是聚焦于功能点。

第三，营造口碑效应。传统行业的产品是渠道、广告强推型，不好复制。互联网时代的产品则必须依靠用户的社交口碑效应，这很容易引发连锁反应，短时间内就能引爆市场。移动互联时代，从厂家向陌生人的"1 到 N"的推销，变成了熟人、朋友之间的"N 到 N"的推荐，推荐指数也会以几何倍增。取胜的关键是能否产生爆炸级的口碑效应。

四、"爆品"是一种思维模式和解决方案

给企业做培训，总会遇到类似的问题，尤其是初创企业，比如：为什么企业自认为的数据考核体系完全不能适应节奏的变化？为什么像模像样地营销着自己的产品，却始终不具备引爆的基础？为什么别的企业在任何一个领域都能获得成功？

症结在于大部分企业从创办的第一天，就产生了思维上的差距，即便同是卖产品的公司，有的只是卖产品，而有的却是卖服务。即便不是传统硬件企业，也需要关注企业供应链问题；即便企业的终极目标是打造"爆品"，也应该意识到，产品是有时效性的，没有体系的支撑，是无法延续自己"爆品现象"的。

做"爆品"，要有对经营理念的深刻领悟，能够站在消费者的角度上，以用户思维，完成对消费者需求的揣测和理解，从而做出产品规划、品牌定位，以极致思维做出满足消费者需求的产品、提供极致享受的服务体验，并以创新思维对产品进行更新迭代，在业务运营上充分发挥流量思维。从某种意义上来说，做"爆品"是一种思维模式，是各个思维的交会与结合。明白了这些，才具备了打造独特企业的思维，也具备了打造"爆品"的思维。

什么样的产品才是"爆品"？怎么样才能打造出自己的"爆品"？人们对于"爆品"的渴望，可谓是趋之若鹜。实际上，这种思维还是"生产为中心"的思维。

笔者认为产品是一种利益，例如消费者购买电视机，实际上他想得到看节目的利益，而不是电视本身。现在小米很轻松地进入了电视机行业的前列，因为把握住了消费者的根本需求，把电视机当成入口，专心做内容。和电视机相比，消费者更希望看到喜欢的节目，和购买电视相比，消费者更愿意购买节目。也就大家经常说的硬件不值钱，小米凭借软件颠覆了电视机行业。所以产品本身是用户思维，而不是生产思维。这种思维早已有之，只不过在今天，这种思维更容易实现了。"爆品"一定是痛点的系统解决方案，而不是一个噱头、一个卖点。

所以，"爆品"是一个营销体系、一种思维和解决方案。"爆品"的出现，要求市场给予高关注度、高参与度、高购买率。那么它就不是一个简单的产品，而是动员了公司各部门甚至外部的力量，共同把"爆品"引爆。

那么，"爆品思维"具体体现在哪些方面？

首先，代表用户思维。做"爆品"不单是自己的需求，更是消费者的需求，认真研究消费者的心理，找出其痛点所在，有针对性地去解决他们的需求，才能用产品或服务给客户解决问题。

其次，代表"粉丝"思维。产品之所以能够成为"爆品"，一定离不开"粉丝"的分享与追随，产品如同明星，要想"红"离不开"粉丝"的热捧与传播。传统方式的产品营销，一般都是花大价钱请明星代言、大面积播放广告等，慢慢聚集"粉丝"，但效果不一定看得见。如今的营销则会先累积早期的"铁杆粉丝"群，在保证产品的高品质前提下，通过与"粉丝"互动分享，提高"粉丝"忠诚度，这些忠诚"粉丝"会在短期内进行传播裂变。产品的好坏不是企业自己说了算，"粉丝"认可并进行自发传播才有效。

最后，代表价值思维。产品能不能火爆并且长久地火爆，最根本的还是保证产品好。物美可以价不廉。如果一个产品只图快销不顾质量是走不远的。

五、"爆品"思维三大精髓：高频、刚需、痛点

周鸿祎说过，一个好产品必须符合三点：第一就是高频；第二是刚需，非玩不可；第三是痛点，因痛点而"痛不欲生"。凡是能遵循这六个字去创业的，就找到了创业的秘诀。这三点也完全契合"爆品思维"。

高频，顾名思义就是高频率。众所周知，小米和滴滴都是从高频需求迅

速切入市场,抢占了一大批用户之后,迅速横向扩展到其他相关领域,从而走上了"独角兽"企业之路。高频产品的特性是:用户在获得产品或者服务的时候,往往意味着企业和用户互动、连接的开始。而拿婚介网站举例,客户找到对象就不会再光顾网站了,所以是低频。

如果一个产品,用户每年只需要用一次或者这辈子只需要用一次,那这样的产品一定成不了爆款。产品要先准确定位目标用户。找到核心用户,最靠谱的方法是与目标用户进行真实交流。用户对产品体验有直观感受,一对一深度交流,先搞定那些会抱怨的用户。还有其他方法,如拉用户进微信群,让用户活跃起来,通过观察用户的行为和评论,发现用户对产品的真实想法。

刚需就是每个人都需要这个产品。比如吃穿住行,这些东西就是刚需,每个人都需要。生活在地球上,必须要吃饭,必须要呼吸,必须要喝水。满足这些需求的产品都是用户的刚需产品。所谓"爆品"战略,就是找准用户的需求点,直接切入,做出足够好的产品,集中所有的精力和资源,在这一款产品上做出单点突破。

运营产品的时候,不能只想着给予用户体验和惊喜,而要问问自己这样的体验和惊喜是不是用户刚需,比如有创业者开名车送煎饼,而且煎饼的价格非常贵,只是想让用户体验更好。但是有一些前提得问问自己:用户是不是每天都要吃这样贵的煎饼?需不需要每天有人开私家车亲自送饼上门?这是不是用户的刚需?如果要从用户的使用需求场景出发,用户可能在好奇心的驱使下会买这样一个昂贵的煎饼,但这不是刚需。用户在很多情况下还是更愿意食用一份简单、便捷、便宜的煎饼。所以,用户需求非常强烈,甚至非要不可,才可以称之为刚需。

痛点就是触及让用户觉得动心,不实现就会痛苦的地方。在解决需求时,往往会碰到阻碍，比如时间少、金钱少、难度高。这个阻碍就是痛点。当解决问题的阻碍越大时，痛点越强烈。"用户有购买动机吗？他的购买使用动机是什么？"这些是营销总监和老板时常要研究的问题，这是决定产品的生死问题。"找到用户的痛点，然后再根据用户的痛点去设计"是产品成功的捷径。

关于高频、需求和痛点，说直白些就是产品要找到市场的结合点。美国著名的天使投资人马克·安德森在文章中说过，一家企业最关键的就是他有没有找到自己的PMF，PMF就是产品和市场的结合点，这个市场越有结合的地方，你的公司价值就越大，所以每个创业者都要做这件事。要想不"死"，首先要找到真正的需求，同时制造的产品一定要满足这个需求，瓶颈越大，你的成就越大。回过头想想，我们做产品，往往会跳进一个自己的陷阱，跳过用户需求，并没有太多地去思考用户是不是必须要这个产品。应该多问问的是，用户为什么要用我们的产品？用什么驱动用户来选择我们的产品？他们一旦使用这个产品会用多久？只有符合了高频、需求、痛点这三点，才抓住了打造"爆品"的精髓。

商业行为的本质就是对消费者行为的理解和引导，要足够理解消费者，需要反复的市场试验才能够做到。要引导消费者，需要强有力的产品品质，而好的产品不是仅有情怀和理想就足够了，做硬件的企业如果对供应链没有足够的理解就无法生产出完美的产品，做互联网的企业不能认识到资本的作用也无法长盛不衰。

所以，"爆品"不是唯快不破，也不是抓住短时间的一点效应去追热点，而是要拿出足够的时间打造精品，然后才能有"爆品"。

六、"爆品营销"追求既卖得火又卖得久

营销学里有个关于啤酒厂的故事，啤酒厂在报纸上用很长的篇幅报道他们为了让客户喝到口感更好的啤酒，专门挖了一口600米深的井，然后用地下井水再经过几百道工序才酿造出了美味的啤酒。这个广告被所有啤酒厂同行所不齿，因为几乎所有的啤酒厂都是这么干的，是一个司空见惯的事情，所有的啤酒厂都觉得这事不值得拿来说道，但是结果却是因为这篇报道，客户非常买账，觉得这家啤酒厂真的很用心，销量暴涨。

这个故事说明一个道理，不管是用哪种营销手段，想卖得好就要有方法。而"爆品营销"就是要追求既要卖得火，又要卖得久。

卖产品要找到产品的核心价值，也就是说，产品能够提供给客户与众不同的感觉。现在的产品同质化极其严重，竞争激烈，厂家拼价格，把行业搞得一团乱。什么招儿都用遍了，却唯独缺少对产品外延的研究和客户需求的研究。

企业要想想：我的产品除了可以提供给客户跟竞争对手一样的服务，另外还可以提供什么样的独特价值？客户为什么来购买我的产品，而他不应该有第二种选择？就像星巴克卖的不是咖啡，而是一种特定人群可以享受到的美好感觉。要记住，客户是在花钱买感觉。

你的产品价格低，这对客户来说当然也是一种很好的感觉，因为大多数客户都喜欢低价格的同类产品。但是拼价格是营销里最低端的方式。

你的服务态度好，这对客户而言也是一种非常美好的感觉，客户愿意花

钱买你的服务态度。客户如果购买你的产品，你还赠送他一样东西，客户会感觉很好，这时客户买的就是赠品的感觉。

你的公众号文章写得好，客户通过你的分享学到了很多的东西，通过你的公众号深入地了解了你的专业和真诚，从而信任你，客户买的就是信任的感觉。在保证产品质量的基础上，更多地想一想产品外延的部分，从外延来寻找产品的价值，寻找到一个客户必须要向你购买的理由，把那个理由充分地展示出来，做到极致，那么你根本不会愁没有客户来咨询，这就是一个产品卖得好的方法。

一个好产品需要营销，而营销无非要满足一个最根本的条件：卖得好，有利润。而什么是好呢？既是卖得火爆，又要卖得长久，否则只能成为短时间的"爆款"，不能长久地沉淀。

随着近年来流行"爆款"，写文章希望成为"爆款"，比如"10万+"的阅读量；做产品希望成为"爆款"，比如"100万+"的月销量；拍电视剧希望成为"爆款"，比如"100亿+"的播放量。因此，越来越多的企业寄希望于推出"爆款"，希望有一个产品通过营销一下子就能"登峰造极"，成为"爆款"。而真正的"爆品营销"果真如此吗？

事实上，真正的"爆品营销"应该追求的是卖得火的同时也要卖得久，或者即使表面并没有卖得"很火"，但实际利润不低，产品能够长久生存和发展下去。比如国酒茅台、亚马逊都是非常好的例子。再比如，褚橙、老干妈、江小白，让我们知道了什么是悄无声息地占领江湖。

褚时健开始的时候并未打算一夜之间让红塔山火遍大江南北，他的目标是让红塔山成为真正能够与洋烟抗衡的民族品牌。他打造的褚橙也并非要在互联网上掀起一阵"褚橙热"，他的目的是要种出与美国新奇士相媲美的中国橙子。

老干妈从未想过要在海外华人市场掀起一阵辣椒酱风波，陶华碧女士一直以来坚持要生产出最好吃的辣椒酱，奉献给爱吃的人，这叫作重新定义了产品的品质。

陶石泉先生也并没有想过让江小白成为某些网站的销量冠军，他要做的是在青春类白酒市场撕开一道口子，成为这个细分市场的老大。

但最终他们却都把自己的产品营销做成了"爆品"，既卖得好又卖得久。真正的"爆品"，不是排长队、霸屏朋友圈，而是"用而不知"。真正的"爆品"，不是一款产品，而是一种体系。

"爆品"不是打造出一款产品就可以，而是要一遍又一遍地修正经营体系，在这个体系中，产品只是其中一个重要部分。除此之外，还包括用户、服务、包装、供应链等种种环节。

同时，"爆品"的本质离不开四大要素：工匠精神、文化创意、性价比、解决消费者痛点。乔布斯最早期的苹果手机就完全具备"爆品"的四大要素。真正的"爆品营销"是不说营销，看起来非常矛盾，实际却很有内涵。所以，企业打造"爆品"必须具备八大要素：确定用户群体、精确用户画像、找准用户一级痛点、有情怀有格调、了解竞争对手找出差异化、明确产品的卖点亮点兴奋点、包装设计吸引眼球、通俗易记直达心底的广告语。

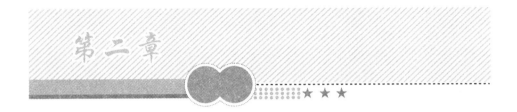

第二章

成为"爆品"要符合的条件

一、市场需求——挖掘真痛点

创业做生意，办企业盈利谋发展，无外乎两个字：需求。需求是创造一切财富的力量。有需求才会有买卖，有买卖才会有生意，有生意才会有盈利。这是一套良性的循环，根源在"市场需求"。如汽车的出现，是人们对于更高效交通的需求；电脑的出现，源于人们对高效办公的需求等。移动互联网各种手机 APP 的出现也正是源于人们越来越多、越来越复杂的需求。这些需求只是众多需求中最基本的需求。而根据马斯洛需求分析层次理论，人类的需求有五层，在满足生理与安全需求之后，人们还会向上追求尊重需求、社会需求和个人实现需求。

想要成为"爆品"的第一条就要专注于"需求"，挖掘出用户的真正痛点，才能对症下药。例如以下这个小故事：

有一天，一个财主到夜市去购买夜壶，他看到了一款比较满意的产品，但因体积太大而犹豫不决，店小二叽叽喳喳讲了一大堆关于设计好、产品品质一流等优点，财主还是无动于衷。正准备离去时，一旁默不作声的店老板说了一句："冬天，夜长啊……"，而且把"啊"字拉长了些。财主顿了一下，回过头来就立马购买了。

在挖掘用户的痛点、满足用户的本质需求上，老板的洞察力和店员明显不同。营销需要做的就是要深谙用户痛点，然后用一句精准的话去解决用户的痛点。

客户购买产品的出发点无非是逃离痛苦和追求快乐这两点，应该把重点放在逃离痛苦上，将其作为切入点，这就是客户的痛点。先要找到客户的痛点，深度挖掘痛点，然后站在客户的角度为客户解决问题，这样能够起到事半功倍的效果，也才能找到真正的市场需求。

痛点的本质，是用户未被满足的刚性需求。创业者要想清楚，自己能给用户带来什么价值，能满足用户哪些最强烈的刚性需求。痛点就是用户在正常的生活当中所碰到的问题、纠结和抱怨，如果这个事情不解决，就会让人浑身不自在，会很痛苦。因此，用户需要找到一种解决方案来化解这个问题，解开这个纠结，抚平这个抱怨，以恢复正常的生活状态。

举个简单的例子，对于苹果产品的用户来说，遇到好听的音乐想要设置成铃声，这个需求很自然，但是却无法直接设置。这就是一个痛点。

又比如交燃气费，需要转乘公交去某个离家比较远的地方，交完之后，用户发一条朋友圈抱怨"交个燃气费要跑半个城，不能转个账解决吗？太落后了"。这也是一个痛点。

再比如，可口可乐诞生时之所以会迅速风靡世界，是因为其主打了健康概念。当时美国流行酒精饮料，而人们也清楚酒精是不健康的，所以可口可乐的营销概念是"伟大国家的无酒精饮料"。随着后来可口可乐因为其高含糖量被贴上了不健康标签，用户的需求下降了，怎么办？于是，可口可乐公司推出的新广告叫作"享受这一刻"，鼓励大家放纵自己一下，别为了长期的健康把眼前的日子过得太苦。从而，用户的缺乏感又被唤醒了。

所以，挖掘用户的痛点是必须真的知道目标用户在哪里，必须要了解目标用户的习惯。当痛点转化为产品后，用户是否有代替性；产品解决完用户的痛点后，能给用户什么程度的惊喜和满足。

具体如何做呢？可以从六个方面着手：

（1）找准产品的目标客户是谁，是一类群体还是几类群体。针对产品的用户群进行分析，了解目前用户群的年龄、性别、特征、区域、习惯、兴趣、爱好、收入、消费等情况。

（2）思考用户可能会在什么时候使用到产品。推介产品时，必须选择合适的时机，同时还要考虑用户的停留时间、使用高峰时间、跳出时间。

（3）调查用户可能在哪些条件和环境使用产品。针对不同的操作系统环境、不同的地理位置，要有不同的方案。

（4）思考设计产品新功能的目的是什么。是现有产品没有满足用户需求还是为了满足用户的新需求，又或者仅仅是跟风凑热闹。

（5）定位好产品的功能。分析产品基本功能和辅助功能的相互关系如何，用户到底需要什么功能，除了自己的产品，市场上还有可替代产品吗？

（6）重视用户对于产品的体验。用户怎么使用产品，使用产品的流程是什么？怎么样更省力？符合用户的使用习惯吗？体验怎样？用户使用产品需要付费吗？需要付多少？是否超出了用户的支付能力？用户的使用频率是怎样的？经常使用？偶尔使用？还是不定期使用？

二、产品颜值——好看才好卖

俗话说"酒香不怕巷子深"，只要产品好，客户一定少不了，但真的是这样吗？现如今是一个看"颜值"的时代，对于一个产品来说更是如此，任何没有经过塑造的产品，都很难给顾客留下良好的第一印象。

这是一个看脸的年代，当然这是说人。产品同理，如果有一款产品又好看又好用，怎么能被埋没呢？当然，我们有时会说一个产品"中看不中用"，但实际情况是好看的产品往往更好用，"颜值即正义"在很多情况下是成立的。

认知心理学家唐纳德·诺曼（Donald A. Norman）曾经做过解释，好看的产品往往更好用。为什么会有这样的逻辑呢？早在20世纪90年代初，两位日本研究者黑须正明（Masaaki Kurosu）和鹿志村香（Kaori Kashimura）就提出过这个问题。他们研究了各式自动提款机控制面板的外观布局设计，所有的自动提款机都有类似的功能、相同数量的按键，以及同样的操作程序，但是其中有一些键盘和屏幕设计很吸引人，另外一些则不然。让人惊奇的是，这两位日本研究者发现那些拥有迷人外表的自动提款机使用起来更加方便。

所以，追求产品颜值和注重人的颜值一样重要，好看才好卖。过去我们在介绍产品的时候，总是强调耐用、质量好，但现在年轻消费者并不为这个进埋单，在年轻消费者看来，颜值变得越来越重要，消费者希望买到既好用又赏心悦目的产品。

打个比喻：一位妙龄花季少女，本身肌肤状态、身体状况都处于人生的高峰期，即使相貌平平，但若略施粉黛，换上合适的衣裙，也能美成一道风景。而年老色衰之后，即使能够通过高超的化妆术，一时遮盖身体反馈出来的气色信号，却终究无法代替药物治疗。所以，"颜值经济"并非浅层意义上独立的、对品牌"粉饰"的过程，而是在合适的时间、用合适的手段和通过合适的渠道对品牌进行升级打造，是配合品牌战略，更为形象化的工程。

iPhone手机作为智能机领航者，这一点是毋庸置疑的，尤其是近几年来，iPhone产品的外形和功能受众多智能机厂商的模仿，也可以说这是众多手机厂商的领导向乔布斯"致敬"，据了解近10年来苹果公司设计了许多漂亮手机，这些手机的外形都受到众多厂家的模仿。苹果产品就是在考虑性能的基础上，更注意产品的颜值。

在同质化的时代，就产品来说仅实现产品功能上的满足，已远远不够。人们更追求一种符合时代特征的产品体验，而产品的"颜值"往往是吸引消费者的第一步，显得更加坦率直接，个性分明，购买产品多会先看"脸"，产品越好看，格调越高，越容易让人们获得更多优越感，往往越容易吸引住人。

看一个值得借鉴的案例：

"三只松鼠"的产品体验从客户收到包裹的那一刻就开始了。每一个装着坚果的箱子上都会贴着一段给快递的话，而且是手写体："快递叔叔，我要到我主人那了，你一定要轻拿轻放哦，如果你需要的话也可以直接购买。"打开包裹后会发现，每一包坚果都送了一个果壳袋，方便把果壳放在里面；打开坚果的包装袋后，每一个袋子里还有一个封口夹，可以把吃了一半但吃不完的坚果袋封住。令人想不到的还有，袋子里备好了擦手湿巾，方便吃完之后擦手。

这样的细节和人性化，就是一种综合性的"颜值"。在注重产品颜值方面，产品包装是最直接的广告，直接影响顾客购买。产品未来取得成功的关键是卖情感、卖趣味，卖个性。因此，产品包装要有颜值。要真正扩大市场，必须加强包装的差异化。再通过不同类型的包装，加大市场份额，给消费者建立现代时尚的产品感觉。

另外，消费进入换挡期，"90后"成为主流。这类人群注重个人感受，讲究感觉对味。在他们眼中，一款产品不仅要好看、好用，更要有趣。从营销的角度进一步来说，消费者的感知价值是影响其购买的最主要驱动因素。

这种感知价值不一定是理性的，往往是感性的。谁先建立高颜值包装，谁就能抓住新兴的消费者，从而开辟更大的市场。

三、客户体验——客户说好才是真好

除了打造颜值产品之外，怎样才能让产品真正做到让客户说好呢？就是要让产品带给客户真切的感受和体验，让客户用了产品以后觉得好用。说得直白点，产品要满足客户的使用体会和感受。

消费者在没有体验之前，所有对产品的了解都是基于广告或别人推荐等抽象的介绍，在经历过用户体验后，消费者变成了使用者，对产品更有话语权，尤其是很多用户体验发生在购买之前，而这类用户体验直接决定了产品的价值感。另外，产品体验的好和不好完全由用户说了算，好的用户体验会迅速发在朋友圈或微博，能够影响很多人，反之亦然。

人们对什么事会非常信任？无非是亲戚朋友间的口口相传和亲身体验。所以，无论是企业还是产品，想要打造可信度无非是赢得"口碑"。"口碑"就是人们之间的推荐，先对某个公司或产品产生兴趣，然后产生消费需求。

相关研究发现，人们都很热衷于把自己的经历或体验告诉他人。如果经历或体验是积极的、正面的，就会引导他人，使他人产生信任。大量的调查报告也显示，人们想了解某种产品和服务的信息时更倾向于咨询家庭、朋友和其他专家，而不是通过传统媒体渠道，90%的人视口碑传播为获得产品意见的最佳渠道。

客户体验实现的是产品的价值，产品价值在于满足人们的某种需求，这也是产品最重要的一点，如果产品不能满足用户的需求，用户就不会去使用，这个产品就失去了存在的意义，围绕这个产品的所有盈利方式也就无从谈起。产品对用户的价值是产品得以立足的基础，也是一切商业行为的基础。

那么，是不是只要产品有价值用户就会去用呢？理论上是这样，但是实际情况并非如此。经济发展到今天，物质生活已经极大丰富，用户的任何一个需求都有多种产品能够满足，在同样的产品中用户会选择最好用、最方便获得、最容易迁移、最有品位、最体贴的产品，总之，用户会选择综合体验最好的产品。就像前面"三只松鼠"的例子，卖坚果的企业很多，但真正能做到让客户贴心的很少，这也是"三只松鼠"线上线下销售额过亿的秘诀。

用户体验贯穿在用户使用产品时的每一个环节，做得好能成为产品制胜的关键。企业发展到一定程度，会根据积累的资源形成企业的方向和对产业的影响。但是，企业战略绝不能飘在云端，一定要具体到让自己的产品如何解决用户问题，如何让用户使用起来感到愉悦，这点非常重要。

真正的用户体验是什么？是产品交互的流畅自然？精美的界面设计？便捷的操作体验还是贴心的小功能？这些都要包括在内，只有这样，我们才能说把用户体验放在了第一位。

用户体验得好因为他们感受到了被重视。在体验产品的过程中如果连用户自己都没有想到的地方，却被用心考虑，那么会给用户带来超出想象之外的惊喜。这样的意外之喜，往往会让用户产生一种感觉，觉得企业在做有温度的产品和服务。

比如，有一个做手机的团队，这个团队主要做老人用的手机。他们只用了一点钱便做出了一款老人手机，刚上线就好评如潮。

对老人来说，要习惯手机的左右键操作实在太麻烦，但这部老人机唯一的操作就是向上滑动，而且图标巨大，界面简单。如果想加一条通讯录，老人不会打字，怎么办？拍张照片就可以，拍完后，填上电话号码就完成了，回头翻通讯录时直接查看照片。老人没有年轻人那么多社会关系，很多时候就是家人、邻居、几个朋友，所以通讯录只需向上滑动，也不需要搜索。此外，手机里还安装了防骗手册、老黄历等实用小工具。

其实，这款手机硬件很一般，系统也一般，价格也就两三百块钱，在智能机大行其道的今天，它上线两个月就卖出十几万台。对一个创业团队来说，非常了不起。之所以有这样的战绩，从根本上还是注重了"用户体验"。当老人用到一款简单又实用的手机，一定会觉得这样的企业和团队是真正为老人着想的，销量火爆自然不在话下。

"客户体验至上"是企业在中国市场获得竞争优势的重要法宝，然而不可否认的是，给客户完美的体验绝非易事。对于移动互联网产品来说要取得成功，更需要取得产品价值和用户体验的双成功。产品价值大于用户体验，一个没有价值的产品就像无根之萍。用户体验决定产品成败，在多个有价值的同类产品中，综合体验好的会更接近成功，也才能真正实现：客户说好才是真好。

四、抢滩速度——谁领先谁胜出

有了颜值高的好产品是个好的开端，如何让产品快速登陆市场更考验经营者的能力。在武侠世界里，天下武功唯快不破，商业世界同样如此，尤其在互联网行业。近些年来，以快制胜的案例不胜枚举，电商、团购、网约车、互联网金融领域均有过类似情景。

企业在市场中竞争，产品是开路先锋，但如何快速登陆市场也非常关键。古人云："工欲善其事，必先利其器。"一个企业唯有拥有好的产品，方可逐鹿市场，慢慢壮大企业规模。

我们来看一则笑话：

有一位商人带着两袋大蒜，一路跋涉到了阿拉伯地区。那里的人从来没有见过大蒜，更想不到世界上还有味道这么好的东西，因此他们用当地最热情的方式款待了这位精明的商人，临别的时候还送给他两袋金子作为酬谢。

另外一位商人听说这件事后，不禁为之心动，他想：大葱的味道不是也很好吗？于是，他就带着满满的两袋大葱来到了那个地方，那里的人同样也没有见过大葱，他们觉得大葱的味道比大蒜的味道更好。

当地人盛情款待了这位商人。在为商人送行的时候，这里的人一致认为，用金子远不能表达他们对远道而来的客人的感激之情，经过再三商讨，决定把最喜爱的东西赠送给这位朋友——两袋大蒜。

这看似是一个笑话，但恰恰说明了机遇转瞬即逝，体现了第一时间抢占先机的重要性。

所谓抢占市场，简言之就是抢占顾客的心智资源，在顾客的认知当中占有一席之地。但顾客的心智资源是有限的，并非取之不尽、用之不竭。广告学研究数据表明，人的大脑当中能记住的广告词语最多不超过7个，以5个词语最佳。即所谓的"5±2"模式。相信大家对于某一品类市场耳熟能详的品牌也不会超过7个，大多是3个、5个而已。

所以，抢占市场不是广泛撒网，那样是钓不到"鱼"的，而是要抢占有效市场。比如，某O2O公司在进行初期推广的时候，几乎具备了营销成功的全部条件：整体服务满意度高，价格低廉，文案也不错，团队执行力强，甚至进行了市场聚焦——定点到几个高端小区进行推广，先把渗透率做起来。然而最终却收效甚微。那么是哪里出了问题呢？这个产品可能进入了几百个市场，但没有进入任何一个有效的市场。

一个有效的市场，至少满足4个条件：拥有一群实际存在的顾客；这些顾客普遍都有某些需求；有一系列产品和服务来满足其需求；在决定购买时，市场中的消费者相互参考。

大多数人对前三条都有直观的理解，但最后一条才是大部分新产品企业成功推向市场的关键——市场中的消费者相互参考。

举例来说，把同样一款企业软件推销给同一地区的10家中小公司，表面上看是进入了"办公软件"这个细分市场，但只要不同公司的人在使用办公软件时相互之间不参考意见，这就相当于是10个市场。

所以，市场部的作用更多是刺激市场内消费者、讨论者、意见领袖等人群的连锁反应，让他们帮自己营销，而不是一手包揽全部营销活动。这就意味着，任何推广活动，必须在同一个市场内刺激连锁反应，而这一切的关键就是至少进入了一个消费者相互参考意见的市场。

下面我们以江小白为例：

江小白CEO陶石泉说："产品出来了，剧本就来了，剧本来了，IP就来了！"似乎这就是社会化营销的精髓。

江小白利用人性的弱点，把产品—用户—场景联合起来，做了江小白式的"我有一瓶酒，有话对你说"表达瓶，让那些在喧闹城市中的人们内心的孤独、急于向上的焦虑、强烈的自我表达欲望，以江小白作为发泄、倾诉的最好载体。

在江小白津津乐道的营销中，有两点值得在现代化营销中学习：

（1）产品自身的沟通力，基于消费场景、基于消费者产品能产生互动；

（2）产品自带社交属性，没有热点，自己就是热点，自己能制造话题，自带话题流量，引发大众的自我转发。

营销就是一场没有硝烟的战争，抢占市场的终极目标看似是抢流量，实则为抢人心。

五、高性价比——更具吸引力

基于人性的弱点，消费者买东西永远追求"物超所值"，也就是人们现在追求的"性价比"。

例如，你走进服装店，看到一款满意的服装，你摸上去感觉面料不错，依照以往的购物经验，你内心里给它的定价是 200 元左右，结果翻出价格牌，只要 98 元。这就叫"物超所值"，这样的价格会大大促进购买商品的想法。

"爆品"要"爆"，所以绝对不能把价格抬得太高，我们建议"爆品"的定价应该至少满足 20%的目标消费者，最好朝着满足 80%的目标消费者考虑。物超所值是"爆品"定价的基本原则，很多奢侈品无法成为"爆品"的一个原因是定价过高，如此一来，顾客就不会感觉"物超所值"，不会感觉产品"性价比高"。

如今"性价比"这个词流传很广，营销人员用来推广自己产品时都爱挂在嘴边，而被营销的客户也纷纷追求产品"性价比"，那么"性价比"到底指的是什么呢？

理论上来讲，性价比全称是性能价格比，是一个性能与价格之间的比例关系，具体公式是性价比=性能/价格。说得更直白些，性价比可以用"物美价廉"这个词来替换，即同样的东西，用较少的钱来买到，或者同样的钱，可以买到更多。但是这个"同样"的概念是否准确？因为不同产品和服务之间是千差万别的，真的能找到"同样"的产品吗？因为我们在追求性价比的时候，其实只是在找"低价"和"高品"兼具的那个。

消费者需要的是性价比产品而不是低价产品，这是很多销售人员容易混淆的一个概念。性价比等于使用体验而不等于低价，也就是说相同价格时体验越好等于性价比越好，而不是相同的产品价格越低越好。当消费者购买以后，认为该价位的这个产品的体验不值这个价格，就会认为没有性价比，就会感觉上当、被宰、失望等。

所以，营销要解决的不是把一个产品的价格卖得越低越好，而是卖一些在这个价位段体验超过其他同等价位品牌的产品，这才是营销的根本目的，由此保证消费者的多次购买意愿，形成客流的良性循环。就像网易的口号一样："好的生活，没那么贵。"这一条击中了很多人的需求痛点。曾经想买无印良品的商品又觉得比较贵的消费者，在网易严选这里找到了"极高的性价比之选"。换句话说，对他们而言，经济实惠又不失格调，何乐而不为呢？

随着互联网和移动互联网导致零售行业的竞争越来越激烈，性价比也成为越来越多消费者选择商品的标准。当前，一般消费者会被一些新奇的产品所吸引，也会在某些场景化的营销活动和商品促销时，购买一些不太需要的产品。但对消费者而言，他们在选择商品时，更多还是关注产品的性能、质量，之后才会考虑价格。当然产品的口碑、个性化的设计、较好的产品体验、品牌商的增值服务等，也都是他们关注的因素。

所以，如何打造产品的性价比，需要从三个方面着手：

第一，关注商品质量。无论时代如何变迁，竞争如何激烈，好质量的产品不会被埋没，商品质量是消费者选择产品时首要考虑的问题。换句话来说，商品质量是企业提高性价比的基础，只有保证商品的品质，才能赢得消费者的关注。

第二，注重售后服务。消费者买东西最怕的就是产品出现问题后找不到负责人，消费之前无论营销手段多高明，营销人员多卖力，一旦消费者买到东西觉得体验不好，或者使用起来不顺畅，找到售后服务却不能及时给予处理，那么这个产品和品牌就在消费者心目中打了折扣，只有消费者觉得服务到位了才算是达到了真正的性价比。真正性价比高的产品不仅要求商品品质和附加值，服务也是体现性价比的关键因素。

第三，追求产品创新。在同质化产品充斥市场后，消费者都患上了"脸盲症"，这也说明创新是尤为重要的。换句话说，在商品一样的情况下，消费者购买任何一家的商品都觉得差不多，其性价比就不能很好地体现出来。"产品设计创新能力是提高性价比的最好助力。"一般来说，坚持以消费者需求为基础来设计产品，设计新颖、产品种类丰富、可选颜色、材质款式均好的产品更能够得到消费者的青睐。

六、做到最好——追求极致

追求极致是一种非常稀缺的特质，一旦掌握了这种能力就能经久不衰，符合现下人们常说的工匠精神。

农耕时代很多技艺从中国传到日本，日本人通过自己独有的"创新式"改造，让其焕发出新生命，比如茶道、漆器等。而一颗小小的螺丝钉，则折射出德国传统制造业的"工匠精神"。

之所以日本和德国的产品能让全球信赖，在于其做到最好、追求极致的精神。随着社会的快速发展，不管是企业还是个人都需要有创新意识和做到最好的观念和精神，来应对外部市场的快速变化，提升自己的核心竞争力。

在追求极致方面，华为可谓典范。任正非是这样描述自己的企业的："华为的成功也没什么秘密。华为凭的是典型的阿甘精神，也就是目标坚定、专注执着、默默奉献、埋头苦干！华为就是阿甘，认准方向，朝着目标，傻干、傻付出、傻投入。华为选择了通信行业，这个行业比较窄，市场规模没那么大，面对的又是世界级的竞争对手，我们没有别的选择，只有聚焦，只能集中配置资源朝着一个方向前进，犹如部队攻城，选择薄弱环节，尖刀队在城墙上先撕开一道口子，两翼的部队蜂拥而上，把这道口子从两边快速拉开，千军万马压过去，不断扫除前进中的障碍，最终形成不可阻挡的潮流，将缺口冲成了大道，城就是你的了。这就是华为人的傻干！华为人这种'傻傻'的坚持，就是追求极致的'匠人精神'！"

无论是追求极致也好，工匠精神也好，其实都是正确的。因为如果产品和服务失去品质，对消费者和企业来说都是一种伤害。

企业的发展，既来自于技术推动，也来自于市场推动，同时还来自于内部推动。企业就好比一辆三轮车，技术推动、市场推动、内部推动就如同运载三轮车的三个车轮，企业需要时刻注意保持好三个车轮的平衡，缺了任何一个车轮企业都会开不动甚至会翻车。当然，不同企业领头的车轮可能是技术推动，也有可能是市场推动或内部推动。

为什么京东如此令人着迷？因为它占据了我们大脑的一部分。每当我们想购买产品，尤其是电子产品时，首先想到的是京东。打开电脑网站或手机APP，点击两下，京东送货到家，一天后就能在家见到产品了，上午下单有可能当天就能见到自己购买的产品，这是京东所追求物流的极致。

苹果创始人史蒂夫·乔布斯曾表示要"超出任何人的想象，做出真正伟大的作品，能载入史册的作品"。这就是一种典型的"爆品"思维——要么不做，要做就做到极致。几乎是在开发每一种产品时，乔布斯都会在某个时刻"按下暂停键"，回过头去看最初的设计，因为他觉得产品不够完美，甚至连那些看不到的部位都不马虎。在监督设计苹果Ⅱ型机和Mac机时，他要求工程师重新整理芯片布局，使线路板看起来整洁、美观。乔布斯说："就算它是在机箱里面，我也希望它尽可能漂亮。伟大的木匠是不会在橱柜背面用烂木料的，即便没有人会看到。"线路板重新设计后，他让工程师和Mac团队其他成员签名，然后把名字刻在机箱内部。"真正的艺术家都会在自己的作品上签名。"

要想做到极致，通常企业老板们都要时刻准备着进入一个"精神分裂"的状态，即在做一件事情的时候同时是用户和企业者，这是一种长期的思维训练。极致的服务并不是马上就能给用户创造什么新价值，有时候在原来的基础上的一些新变化就能使客户得到满足。关键是企业者自身要不断地跟自己比，自我挑战，如此才能逐渐通向极致的境界。

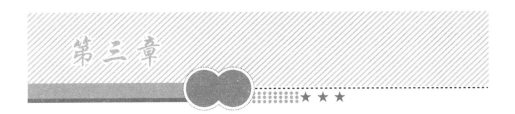

第三章

打造"爆品"的几大要素

一、知道自己是谁——产品定位

做企业、做产品、做营销，想要脱颖而出，首先要找准自己的定位，定位自己的品牌风格和特性。也就是说，当用户提到这一个品类的产品能否想到你这个品牌。提起搜索，大家会想到百度；提起电脑，大家会想到联想；提起手机，大家会想到苹果，这就是所谓的产品定位，以其占据用户心智。现在人们的选择不是不够，而是太多，所以一个产品如果无法进入人们的心智，就很难让人想起你，更不会去购买你的产品，因此定位非常重要。

在品牌定位上，优衣库值得我们借鉴。

优衣库一度被认为是日本最具活力的公司，创始人柳井正也曾问鼎日本首富的位置。优衣库品牌定位是其根本，定位准确才使得这家日本公司的连锁店"遍地开花"，且长久不衰。它的成长和壮大非常值得中国企业尤其是服装企业学习与借鉴。

首先，其定位为平价休闲服装。

柳井正把优衣库定位为平价休闲的服装。他的理由是"企业要想获得大发展，就一定要面向大市场"。

当年日本经济增长率接近4%，并实现持续增长，当时一些日本服装企业考虑到国民消费能力提升，选择了品牌高端化。而"国民服装、平价服装"的定位则在2008年的经济危机中促成了优衣库的发展，当年全球首富比尔·盖茨的资产缩水了180亿美元，日本任天堂董事长山内溥身家缩水至45亿美元，而优衣库则逆势上涨了63%，新开门店"遍地开花"。

其次，其定位为混搭奢侈品。

"混搭"是把不同风格、不同材质的东西，按照个人的品位拼凑在一起，打造出完全个性化的风格。

进军海外的优衣库把店铺开在当地繁华的商业核心区。巴黎分店位于最繁华的商业街，店铺面积达 2150 平方米。2006 年，纽约分店开业，地点在百老汇的对面，面积 3300 平方米。在伦敦，三层楼的超级旗舰店开在牛津街。

通过这种方法，把自己定位为顶级奢侈品牌的混搭"配件"是很有创意的想法。柳井正曾表示"既然可以和一流的服装品牌自由搭配，就应该在一流品牌云集的地方开店，这样才能体现出自己的特性。顾客买完了顶级的服装，出门就该来我这个'配件店'了"。

定位与品牌化其实是一体两面，如果说品牌就是消费者认知，那么定位就是公司将品牌提供给消费者的过程。

比如，王老吉是销量最高的预防上火的凉茶，而高露洁则是防止蛀牙的专业牙膏。当这样的理由被根深蒂固地植入消费者的心智中时，这些产品也就形成了各自的品牌。以后，只要有这些方面的需求，消费者首先想到的就是这些品牌。这种良性的品牌建立，依靠的就是正确的定位手段。

品牌定位一定要摸准顾客的心理，唤起他们内心的需要，这是品牌定位的重点。所以说，品牌定位的关键是占据消费者的心智。企业品牌要想取得强有力的市场地位，它应该具有一个或几个特征，看上去好像是市场上唯一的。这种差异可以表现在许多方面，如质量、价格、技术、包装、售后服务等，甚至还可以是脱离产品本身的某种想象出来的概念。

再举一个例子：

OPPO 和 vivo 这两个品牌（其实是一家公司）是城镇低端机型的代表。过去它们主打的是一个概念，即音乐手机，请明星莱昂纳多代言，赞助所有的音乐节目。但是 OPPO 成为手机销量第一，是因为它有一款"爆品"手机 R9。R9 瞄准了一个核心价值锚点，叫"充电 5 分钟，通话 2 小时"。这和过去完全不一样，过去就是 Logo 加明星，没有强有力的价值点，但现在用户一看，"充电 5 分钟，通话 2 小时"这个很厉害，于是就果断买下。

我们看到锤子手机虽然是一家互联网公司，营销上也非常强力，圈了一大批"粉丝"，但它的产品定位不清晰。比如它自称是"全球第二好用的手机"，然而芯片、屏幕、清晰度、工艺等这些它都没有告诉你，只是告诉你我是第二好用的手机。但是用户不傻，如果不能用清晰的地位去打动用户，用户很难埋单，即使是"粉丝"也不愿意花冤枉钱。

所以，找到产品的价值，给产品一个清晰的定位，就意味着找到了产品的"爆点"，打造"爆品"，才能在互联网时代生存下去。

二、知道给你钱的是谁——客户聚焦

品牌定位好以后，下一步要给目标人群定位，相当于给用户打标签，而这些标签的组合可以大致告诉我们目标用户是什么"样子"的。但是问题又来了，知道了我们的目标用户什么"样子"，我们如何快速找到他们呢？这是很多运营人员比较困惑的问题，经常能够在网上看见有人感叹：茫茫人海，我们的客户在哪里？为什么买我东西的人还没有出现？

这就好比我们在海里打鱼，渔船不是见海就撒网，一网下去就有成本，这样是会亏本的。我们一定要找到鱼群，这一个群体全是这种鱼，一网下去打上来十万条鱼都是一个品种，不然一网下去有鱼有虾，卖掉之后的钱还不够付分拣的人工成本。

所以，我们在做客户聚焦的时候也是如此，一定要找到我们的用户群，也就是我们的精准用户。

企业在制定营销方案的时候所面临的最大问题就是把产品卖给"谁"，也就是确定目标客户群体的问题。市场之大，消费者何其多？国内尚且如此，更何况面对国际市场。企业在确定目标客户群体的时候，要先针对所有的客户进行初步判别和确认。在初步确定目标客户群体时，必须关注企业的战略目标，它包括两方面的内容：一方面是寻找企业品牌需要特别针对的具有共同需求和偏好的消费群体；另一方面是寻找能帮助公司获得期望销售收入和利益的群体。还以钓鱼为例，假设我们是垂钓者，并且我们不是什么鱼都要，只想钓到我们喜欢的鱼。那么想要钓到我们喜欢的鱼，就需要好好分析：①钓哪种鱼；②鱼的活动区域；③鱼的性格爱好；④鱼最喜欢哪种饵；⑤筛选鱼。一旦把这五点做到位，就符合了"爆品"特性。

所有成功的"爆品"都有一个共性——其决策者能很清楚地描述出他的消费者。你要清楚知道你的消费者的生活形态和生活轨迹，害怕什么和喜欢什么，什么时候使用你的产品、使用的目的，以及什么时候进行分享。

比如，史玉柱在做脑白金和黄金搭档的营销时，考核业务人员的一个判断标准就是能不能很生动、很形象地描述客户15分钟，从他住多少平方米的房子，拿多少钱的月薪，几点钟起床，甚至用什么牌子的牙膏，蹲在马桶上的时间是多少，早餐吃什么，坐什么车上班，上班时间、路程大概是多少，喜欢看什么报纸、看什么新闻，午餐吃什么，晚餐吃什么，几点睡觉等。

你想要知道给你钱的人是谁，你就要熟悉你的目标客户。假设销售一款沙发，如果跟"60后"沟通，用的销售术语一定跟实用性、身份感、性价比关联在一起；但如果这款沙发卖给"90后"，销售术语会从功能性、个性化、色彩感联系在一起。

因此，不要试图将同一个产品卖给两个年代的人。"60后"和"70后"相差一个时代。"80后"就要分"85前"和"85后"，因为同样是"80后"，其消费意识和消费行为差别很大。即将成为社会主流的"90后"，有专家认为他们每3年就有代沟产生。所以，目标人群定位要精准。

如果你的产品只是针对高端时尚人士而言的，就要将目标锁定在有消费能力和消费需求的一类人身上。了解用户的诉求，准确找到切入点是关键。高质量的"粉丝"是不易流失的老客户，还能给企业起到一定的宣传作用，加大品牌宣传力度。

下面以 Roseonly 为例：

Roseonly 的目标顾客是都市白领，追求浪漫、时尚、品位，所以，公司锁定其中的 1000 万人，满足他们用最美丽的玫瑰花传递爱的诉求，因此营销定位于"爱"。

有趣的是在其粉丝达到 40 万时，其中 80% 是女性，但购买群体中 70%～80% 是男性。目标顾客在购买玫瑰花时，会通过各个渠道搜集信息，选择最好的玫瑰花，全渠道地完成购买过程，消费过程也会多渠道地与朋友分享，发微信、发微博、口碑传播等。

为了表达高贵、浪漫的爱情定位点，公司选择全世界最好的玫瑰花——厄瓜多尔玫瑰，而且选择最好的皇家玫瑰种植园，在园中百里挑一，为了避免交叉感染，每剪一枝玫瑰就换一把剪刀，最后空运进口。外包装也是精心设计而成，花盒上有提手便于提拿，顾客可以根据自己的需求在网上和实体店铺定制。为了表达爱，公司采取了高价格策略，一枝道歉的玫瑰零售价为399元，表达爱的玫瑰平均零售价为1000元。信息通过网站、网店、名人微博、微信、E-mail，以及实体花店等进行全渠道的广泛传播，诉求的主题为"一生送花只给一个人"。顾客下订单、交款也可以采取线上和线下的全渠道形式，不过需要进行身份认证，一旦注册了，一生就只能给一个人送花，公司不会负责给第二个人送花，以凸显"一生爱一个人"的价值定位。顾客可以到实体花店自提，也可以接受送花上门，与京东、天猫的送货员不同，Roseonly的送花者都是时尚、帅气的小伙子，还有外国帅哥。

真正的精准是指产品特点与客户群体特点最接近，企业一定要找到产品直接针对的群体，他们才是你的目标客户群体，是"准"客户。另外，客户之所以会成为你的客户是因为你帮他们满足了需求。客户需要你是因为他们有无法解决的烦恼，而这个烦恼，你那里刚好有对应的解决方案，这就是对客户最有吸引力的"饵"。人人都有烦恼，谁能帮助别人解决烦恼，谁就能吸引到更多的人。

我们都听过"顾客是上帝，一切从顾客出发，让顾客满意"这样的理念，很多企业也总觉得自己在为消费者着想，其实许多行为是无意义的，根本没有站在消费者的角度去思考。"为消费者着想"和"站在消费者的角度"看似大同小异，其实最终得出的结果却是截然不同的。因为这是两种完全不同的思维，最大的问题就在于前者偏离了消费者真正的需求，而后者才能真正了解消费者心理，把握消费者的实际需求。

三、知道和你抢钱的是谁——竞品分析

有这样一则小故事：

森林里两位猎人遇到了一只老虎。其中一位马上低下头去系鞋带，另一位就嘲笑说："系鞋带干什么？你跑不过老虎的！"系鞋带的猎人说："只要我跑得比你快就行！"选择不同的竞争对手就会导致不同的行为和结果：猎人的竞争者不是老虎，而是他的同伴。如果认为自己在同老虎赛跑，那么注定要失败。营销战场也是同理！企业营销不但要给自己的品牌和客户定位，还有一点必须重视，就是要知道你的竞争对手是谁。

《孙子·谋攻篇》中说："知己知彼，百战不殆；不知彼而知己，一胜一负；不知彼，不知己，每战必殆。"将其运用在商战中，通俗地说就是既了解自己，又要了解竞争对手，百战都会立于不败之地；如果不了解竞争对手而只了解自己，胜败各占一半；如果既不了解竞争对手又不了解自己，每次都可能失败。

那么该怎么去分析眼前的竞争对手呢？

其实，分析竞争对手并不难，难的是找出谁才是你的竞争对手。就像解决问题不难，难的是如何发现问题。

比如，看 Dior 口红的有 1 万人（售价 300 元左右）。这 1 万人中，有 80% 也看了兰蔻口红（售价 300 元左右），有 50% 的人也看了欧莱雅口红（售价 100 元左右），有 15% 的人也看了 YSL 口红（售价 300 元左右）。如果按照传统方法的竞品定位，欧莱雅口红是不该排在第二位的，而同样价位的

YSL口红其15%交叉寻购也有点少。作为品牌方,这时候就要好好研究一下自己产品的竞品是谁了。进一步分析人群数据,并持续观察一段时间,来确定自己的竞品,最后调整目前的媒体渠道、宣传策略等。

在众多的商品以及商家面前,消费者的购物模式就是对他感兴趣的东西进行挑选和对比,然后确定购买。所以营销就不得不在众多产品中,找到与自己属性差不多的产品进行对比分析。自己先模拟消费者的购买习惯,对比自己的产品与别人的产品,看是否会引起消费者购买的欲望。如果发现对手的产品更有竞争力,那我们就需要优化自己的产品。至少要找到一个标杆作为参照,进行优化。这就是竞品分析的意义。

在明确了主要竞品后,就要围绕业务范围和目标、管理层的经验、市场定位和趋势、目标市场和顾客基础、营销战略和计划、财务技术和运营能力等行业关键因素对竞品进行进一步分析和比较,详细了解各竞品的优劣势和资源状况。

还有一个关键问题就是竞品取样,这实际上是企业对标的选择和比较竞争问题。因为从中国市场实际来看,还很难完全从消费者立场上来竞争,更多的是选择对标的企业进行竞争和比拼。百事可乐与可口可乐两者一直相互竞争并肩前进,而没有竞争对手的柯达,日子过得反而不好。

从竞争对手身上可以看到自己的价值,而从竞争对手那里会更快地学到对自己有用的东西,对方想了很长时间的主意,我们也许只需要学习一下便能够掌握。这就说明了解你的竞争对手能让自己成长,进而打败竞争对手,这就是所谓的"知己知彼,百战不殆"。

那么如何分析竞争对手呢?要重点关注以下几个方面:

(一)确定目标需求

在分析竞争对手的时候,我们的目标需求就是想知道他是如何发展起来的，他的流量渠道有哪些，订单增长趋势是怎样，订单量有多少，时间发展趋势等。

（二）获取数据

获取数据指的是获取我们完成目标所需要的数据。从目标需求中我们可以知道，要获取数据有竞争对手的访客数、流量渠道的来源、每天的销量情况，以及它的时间变化趋势是怎样的。这些可以从生意参谋市场行情的商品店铺榜，以及竞争情报分析获取。

（三）问自己一些问题

（1）竞争对手的反应和竞争对手真正的焦点是什么？

（2）竞争对手可能做出什么样的改变？

（3）竞争对手的盲点和错误判断有哪些？

（4）竞争对手对市场行动可能的反应是什么？

（四）竞争对手产品如何定价

同类产品，有的定价比较亲民（如小米），有的比较高端（如苹果），还有低中高端都有的（如华为）。根据自己的产品和同类同质产品进行比较，做出自己的定价参考和依据。

（五）竞争对手的主打产品是什么

无论是做什么类型的产品，都会有一个主打产品来形成"爆品"。比如肯德基主打是炸鸡汉堡，赛百味主打三明治，必胜客主打比萨。虽然这些品牌中也有其他产品，比如米饭套餐、意大利面，但这些都不是主打产品。所以，分析竞争对手时就要分析具体哪个是其主打产品。竞争的产品是功能特别多，还是只主打一个功能？是满足所有人，还是满足一部分人？

当我们学会了分析竞争对手，就能够快速成长为别人的竞争对手。

四、消费者的"痛点"在哪儿——解决"痛点"

为什么苹果手机可以在众多智能手机产品中脱颖而出？为什么 Kindle 会成为年轻人的阅读新宠？为什么京东电商会广受行业好评和用户青睐？

成功的产品都有规律可循，无一例外，他们都瞄准了消费者的"痛点"，继而实现创新，取得巨大成功。

乔布斯曾经提到，他们一开始并没有想到要制造 iPhone，但当他和公司高管聚集在一起抱怨他们的手机操作起来多么让人痛苦的时候，他们开始意识到消费者可能也遇到了同样的问题。于是，从自身使用的"痛点"出发，也就意识到了消费者的"痛点"，于是一个以解决消费者"痛点"为主导的苹果手机产生，最终颠覆了以产品功能为导向的诺基亚。

同样，小米开发的"小米遥控器"这款应用软件，它可以将消费者的智能手机变成小米盒子、小米电视的遥控器，从而解决了人们看电视时经常找不到遥控器的问题，基于这个"痛点"，"小米遥控器"获得了市场广泛好评。

所以，为了满足潜在用户的需要，做企业和营销要时刻保持敏感，企业家要非常注意需求、客户、用户、潜在的用户、潜在的客户，营销队伍要对这种潜在的需求能够灵敏地做出反应。

事实上，"痛点"就是创新点。

对于任何产品和服务模式来说，找准"痛点"都是创新的第一步，新模式下的服务标准、技术标准、安全标准、客户体验等方面的问题，都需要及时完善。

比如，同样做酸奶，一款希腊酸奶就把传统食品巨头从货架上"打"下去了，再后来酸奶界又有了俄罗斯炭烧酸奶、慢醇、简醇等符合现代年轻人设计喜好的酸奶品牌，逐渐占领了市场。消费者一直在变化，企业不灵敏，生意就无法做下去，现在这一款酸奶在北京、上海卖得很好。

再比如，美国西南航空公司打破消费者以往对于飞机宽敞、舒适、食物可口的期望，它的飞机不是很舒适、不提供食品和咖啡，只保证安全和快捷。但这样的航空公司不仅没有倒闭，反而成为航空史上的传奇。究其原因，是其从消费者的角度思考，对于消费者而言，坐飞机最关注的就是安全和便捷，于是它舍远求近，专攻这两个方面，结果正中消费者下怀。与竭力提高飞机的内部设计和服务水平不同，这样做既可以降低成本，又牢牢抓住了消费者的心。

在当前的社会和市场环境下，我们的消费者进入了真正的消费主权时代，尤其是互联网技术的广泛应用，使得我们的消费者对待产品和品牌的心态也完全改变了。什么叫消费主权？就是真正以消费者为核心。企业的一切营销都要聚焦于消费者。产品为核心消费者而设计，包括产品上的信息，全部要为聚焦个性化而改变；品牌名称必须迎合核心消费群体的精神价值取向，符合他们的性格，具有明显的族群特征；品牌的传播凸显核心消费群体所关心的核心事件，运用互动的形式，吸引他们全身心地参与到品牌推广的活动中。

在寻找消费者"痛点"时，需要从以下几个方面入手：

第一，找到用户的本质需求和延展性，才能更好地满足客户，在做产品之前多问几个为什么，多去想想有没有更多的可能性。比如手机产品，一开始的本质需求是为了打电话，后来多了听歌和拍照的功能，现在已成了人们不可缺少的物品，社交和生活都离不开它。

第二，对产品的宽度进行拓展。可以是产品的属性，比如性能、价格、产地等，也可以是人群，比如年轻人、老年人、女性、男性等，也可以是使用环境，比如休闲时刻或是差旅、家庭聚会等。

第三，深挖消费者的习惯。比如酒店行业，从五星级酒店到快捷酒店是从服务和价格上做对比，而驴友民宿就无法从价格和服务去衡量价值，更注重的是人与人之间的情感。还有前面提到的美国航空公司的做法，就是换一个途径和思路去迎合消费者习惯。

第四，了解客户的渴望度。研究客户的需求有多迫切，比如房子、自己的健康、养老、日常出行等，这些是硬性需求。对这些要深入思考和挖掘，随着生活水平以及环境的变化，消费者的需求也会有所变化。比如之前人们觉得吃肉很好，现在大部分人认为吃素更健康、更时尚。

找到"痛点"并解决，其实也非常简单。假设自己是一位消费者，看到自己的产品，能否对所推广的产品产生浓厚兴趣？是否会产生购买欲望（想不想买）？购买的欲望强烈不强烈？如果你不能，那消费者更不能。如果连自己都不能说服，那么消费者就更不能被说服。

五、讲一个动人的故事——凸显情怀

无论是讲一个创业的故事，还是讲一个品牌故事，事实上都是在帮顾客了解这个产品的优势。对于消费者而言，一个故事要比直白的介绍和解说更能打动人心。每一个完整的产品故事都该包含产品定位、产品细节描述，此外还可以包含产品的背景。产品定位与细节描述是有据可循的，而产品背景的赋予则比较灵活，它可以是一种流动且生动的情感描述。

一个好的品牌故事，不仅可以赋予这个品牌性格，同时也是向消费者传达品牌精神的重要工具。

好的品牌故事是消费者和品牌之间的 "情感" 切入点，赋予品牌精神内涵和灵性，使消费者受到感染或冲击，全力激发消费者的潜在购买意识，并使消费者愿意 "从一而终"。下面来看两个案例。

案例一：德芙的故事

"DOVE" 是 "Do You Love Me" 的英文缩写，它背后有一个非常凄美的爱情故事。正是这个凄美的故事，让德芙不仅占据了巧克力品类的头把交椅，更重要的是每个与爱和甜蜜有关的日子，人们都会第一时间想起德芙。

案例二："三个爸爸" 的品牌故事

"三个爸爸" 净化器的销量在京东排行非常靠前。一方面依靠了京东的促销，另一方面则是 "粉丝" 经济带来的效益。"三个爸爸" 在品牌创立之时，也在运营产品社群，并且有很多 "粉丝" 愿意加入进来分享。据创始人陈海滨透露，他们是将 "三个爸爸" 品牌背后的故事讲到了极致。"三个爸爸" 的故事，是爸爸们给孩子做净化器的故事。"三个爸爸" 源于这个故事，也赋予了陈海滨他们再次创业的机会。"偏执狂的爸爸给孩子造净化器，我们爱你，以呼吸为证，我虽然不能伴随在你的身边，但让我的爱如空气。"
"我对极致的追求也是你成长路上重要的陪伴。" 在 "三个爸爸" 品牌故事的传播过程中，传递的是一种父亲对孩子偏执的爱，刻画了一位爱自己孩子爱到极致的父亲形象。而传递出的这种精神力量表达的已经不仅仅是一个净化器，而是深刻的品牌精神，引起了更多感同身受的爸爸们的共鸣，同时品牌概念的情感传播规避了消费者对广告的硬性抵抗，也自然引发了很多媒体自发传播。

对于众多创业者来说，在当今移动互联网自媒体时代，原本一些名不见经传的品牌或产品，利用自媒体以及高超的传播手法，迅速红遍大江南北。好故事真的能带来好传播，很多消费可能就是冲着这个故事去埋单的。

可口可乐的创始人曾经很神圣地宣布，可口可乐之所以风味独特，是因为其中含有一种"7X"的特殊物质，而其秘密配方，据说收藏在世界某地一家信用极佳的银行里，全世界只有7个人知道这家银行的地址，他们中有5位持有保存配方的保险柜的钥匙，另两位知道密码，所以，必须集齐7个人，并让5把钥匙同时转动，对准密码才能开启保险柜。这个故事在全世界得到广泛传播，结果就是可口可乐又一次获得大量用户。内容会因故事而生动，其实营销就是讲故事，只有故事才更容易传播和深入人心。

故事的转化率效果是惊人的。客户见多识广，也对强势推销越来越有免疫力。他们需要被吸引，而不是被告知应该怎么做。故事能有效果是因为它们触发了客户的访客情感并将他们拉近。

那么讲故事是起到什么作用呢？就是营造真实氛围，建立信任感。客户下单，都是基于信任，没有人会对一个不靠谱的人下单的。

所以，讲故事要讲经历，讲细节，讲情怀。在讲故事前，需要对自己的品牌足够了解，从品牌最初的构想开始，定位、调查、分析、诞生、推广等各个环节可以挖掘出有价值的线索和内容，注意多挖掘有关人的元素，这些内容的准备都是后续能讲好故事的必备条件。

另外，定位自己的受众，明白买自己产品的潜在消费群体是谁，并且要在年龄、性别、兴趣爱好等方面下功夫，分析这些消费者的消费倾向和关注内容，这样才能有针对性地讲出他们喜欢的故事，投其所好。

故事的语言和叙述风格是否与渠道的传播特点匹配，故事的呈现是做成文本、图片（漫画）、视频，还是 H5，都要综合消费群体和渠道的特点考虑。

故事情节的设定，应该通过某个事件或者某个热点来讲述，故事中融入人的情感，适当来点情怀和感悟，然后在恰当的地方显露出品牌。

有些故事是品牌精心打造的，有些故事则沉淀在用户体验之中，让它们成为提升用户口碑的重要载体。用户越发关注内容、关注产品的故事，则借助故事可以越容易让用户与品牌产生更深层的情感共鸣。而将品牌及产品植入故事化营销，也成为众多创业者强化品牌生命力的全新选择。

六、专注产品与保持服务——迭代创新

我们不难发现，产品的本源来自于用户的需求：有沟通的需求就有了 QQ、微信；有快捷支付的需求有了支付宝和微信支付；有打车的需求就有了滴滴、Uber；有点外卖的需求就有了饿了么、美团外卖；等等。同时，随着社会、科技和环境的变化，用户的需求也是在不断变化的，因此对应的产品就需要针对用户需求的变化做出相应的调整，从而产生了产品的更新迭代。而产品一旦长期不创新、不挖掘客户新的需求，那么就会逐渐被淡忘。

常去 KFC、麦当劳、必胜客等快餐店不难发现，它们每段时间都会出新品。不论是综艺节目、游戏，还是其他各行各业无时无刻不在创新，不能固守一成不变的套路和打法，那样必将被后浪拍"死"在沙滩上。

产品和人一样，有生命周期，也会经历"生老病死"。以前一个产品的生命周期有十几年甚至二十几年，但随着商业环境的成熟，尤其是科技的进步，产品的生命周期变得更短。产品要想不断被消费者追捧，就必须不断深度挖掘消费者的内在需求，不断细分这些需求，这样就会产生一个又一个的市场机会，即使在物质丰富的时代，这种机会也从来不缺乏。

品牌要靠时间来积累，而产品能否不断销售出去，必须进行差异化处理。在商业经济发达的今天，生命周期能有十年、二十年甚至三十年并且销量持续火爆的产品微乎其微了。产品要想长久地销售下去，必须创新。

有一个经济学典故是这样说的：在汽车尚未出现的马车时代，去做用户调研，得到的答案只可能是"我需要一匹更快的马"，而不会是"我需要汽车"。因为消费者从未见过汽车，无法给出"汽车"这一答案。所以，创新大致有两种模式：一种是颠覆式创新，如发明汽车，让人们出行更快捷；另一种是迭代创新，如加强训练，让马跑得更快。

产品和服务同理，要么突破现有的产品重新做得更好，要么在现有产品上改良和升级。

对苹果公司来说，它需要的并不是每年开创一个全新的产品，而是有节奏地开创新产品，同时把现有产品做到极致。只有这样才能保证公司在产品领先的同时获取最大利润。如果一味开拓新产品，不但没有利润的保证，还可能会大大缩减下一代新产品的研发费用，从而无法保证下一代新产品足够惊艳。

产品并不是设计出来的，而是"改"出来的。一件产品，只有不断改进，才能把竞争者甩开；只有快速迭代，才能成为创造需求的赢家。

要创新，就要放手去做。创新的第一步不可能太好，新事物不会以成品状态进入我们的世界。在我们隐秘的脑海里显得很强大的创意，当我们将它们放在办公桌上准备实施时，它们却东倒西歪，显得很弱小。但每一个开始都很美丽，第一张草图的价值就在于它打破了空白。唯一不好的草案是我们不去写草案。

汇小流以成沧海，积跬步而至千里。创新是否成功，不在于步伐大小，而在于向前迈出了多少步。我们当然希望看到"从 0 到 1"的颠覆式创新，但即便是具有颠覆意义的产品，也要通过更新迭代来不断完善，如果不思改进、原地踏步，终究逃不掉被市场淘汰的命运。对大部分行业，尤其是技术更新和用户需求变化快的行业来说，不管时代如何演进、环境如何变化，稳扎稳打、步步为营实现"从 1 到 N"的迭代创新，才是需要紧紧把握的成功之钥。

第四章

让"爆品"真正"火爆"靠什么

一、一听就能记住的广告语

美国前总统罗斯福说过一句关于广告的名言："不当总统，就做广告人，因为广告事业已达到一种艺术高度。"总统把广告提到了一定的高度，是因为广告和广告语能让营销变得简单，能让消费者口口相传，也能经由一句经典的广告语流传久远而带给产品广泛的宣传。

一句好的广告语对品牌来说至关重要，它是品牌的眼睛，对于人们理解品牌内涵，建立品牌忠诚都有不同寻常的意义。

在品牌刚进入市场的时候，有创意的品牌名称能让客户很容易对品牌产生认知，同其他的品牌区分开来，这对品牌的宣传效果具有十分重要的影响。

给品牌起名字是第一步，要进入消费者心智还需要有一个吸引人的品牌口号。这个口号内涵要丰富，要能体现品牌的理念、利益，能够代表消费者对于品牌的感知、动机和态度。最重要的是，品牌的口号要能吸引消费者，让其一听品牌的口号就能在心智中为品牌埋下购买的种子。

许多优秀产品和著名品牌，就是在一句优秀广告语的伴随下走进了人们的生活。人们在得到物质享受的同时，还品味着这个产品的优秀广告和广告语给他们带来的精神大餐。可以说，优秀的广告语已经成为人类的一座文化宝库，是人类智慧的结晶。许多精彩的广告语像陈年的老酒，经久流传，回味悠长，令人难忘。比如以下这些：

1. 白加黑感冒片：白天服白片，不瞌睡；夜晚服黑片，睡得香，消除感冒，黑白分明。

2. 王老吉凉茶：怕上火喝王老吉。

3. 士力架巧克力：横扫饥饿，做回自己。

4. 养元六个核桃：经常用脑，多喝六个核桃。

5. 绿箭口香糖：清新口气，你我更亲近。

6. 英特尔：给电脑一颗奔腾的芯。

7. 丰田汽车：车到山前必有路，有路必有丰田车。

8. 李维牛仔：不同的酷，相同的裤。

这些广告语都是基于产品特定属性而创作的。其准确的卖点定位，使消费需求与产品特性完美结合，有针对性的产品给予有特定需求的消费者，由此直击人心，抓住消费点。

无论是耐克的"Just do it"（想做就做），还是安踏的"永不止步"、红牛的"你的能量超乎你想象"，以及自然堂的"你本来就很美"等广告语都是通过正面的鼓励向消费者传递正能量，让其产生愉悦感，进而对品牌产生亲切感，使彼此之间的距离缩短。

很多优秀的广告人和企业家都明白，广告语是一个品牌的"推销员"，它的靠谱与否，会直接影响品牌定位能否进入消费者心智。

有一个房地产开发公司推出新楼盘，为了征集一句符合公司诉求和情怀的广告语，竟然用"一套房"作为酬谢。各路广告人纷纷去参与广告语的征集活动。最后，在众多人中，有一句话吸引了该房产商的眼球，这句广告语是：家，是放心的地方。在该楼盘推出时，这句话成了最大的亮点，既温情又彰显了房地产商的情怀。这句广告语被采用，房产开发公司履行诺言以一套现房为酬谢。

可见，设计一句重要的广告语，对于一个公司的对外形象展示和营销都能起到关键的作用，这就是广告语效应。

广告语的价值是什么？就是帮公司传达想传达的意思，达到其目标。它只是营销元素中的一个，既不特殊，也不渺小，它和所有营销元素一样，以实现企业和品牌的营销为目标。所有好的广告语都是在给产品加分。

所以，广告语是对品牌定位和品牌核心价值二者的高度提炼，一句经典的广告语不仅能让消费者记住产品，甚至能成就该品牌。广告语正是通过对品牌的诠释，从而使品牌更加深入人心。经典的广告语，纵使时过境迁，依然会被不断提起，成为时代的印记。

广告语提倡简单易记，因为这是传播的需要，但是不能简单到"无效"。一句好的广告语，应该在简单的背后，必须传递品牌的核心价值，而且与消费者的心智产生共鸣才行。比如，京东的广告语"多快好省"，传达的就是京东的企业内涵和精神。

好的广告语要向消费者展示一种底气，让消费者看到企业说话算数，意味着企业能提供用户期待的产品或者服务。这是企业对自己产品和服务的要求，更是企业对用户的承诺。我们没有理由去相信一个说话不算数的人，更没有理由去相信一个宣传与产品（服务）不相符的品牌，人是如此，企业亦是如此。

我们不得不承认的一点，也是让广告人最头疼的一点是，广告是人们看到第一眼后会产生心理抵触的东西，如何让人们不再抵触，是我们要研究的，广告需要融会变通。具体从哪些方面去策划一句靠谱又能流传的广告语呢？

广告语有代言类、新品类、聚焦业务类等。

代言类：大多有各种各样的特性，如对汽车品类而言，驾驶快感、尊贵、安全、性价比等即是。在消费者认知中，品类的某一特性尚未被其他品牌占据时，率先占据该特性的品牌，往往是消费者有此类需求时的优先选择。

新品类：人们通常对初次接触的事物印象深刻，所以当品牌率先向消费者传播新品类时，消费者容易在接受新品类的同时，对该品牌有所记忆，该品牌因而成为消费者的优先选择。

聚焦业务类：消费者通常认为，专注于某类业务的品牌较之通常品牌，往往拥有更多的经验和技能，因此是该业务领域的专家品牌。比如，九阳聚焦小家电豆浆机，尚鹏堂聚焦灶类家电等。

好的广告语要抓住顾客"一瞬间的感动"，富有感情的广告语能够为企业赢得意想不到的客户，提高顾客对企业的忠诚度，提升企业在顾客心目中的美好形象。

二、简短入心的产品理念

在各个行业产品同质化异常严重的今天，无论开发、生产、销售哪类产品，其目标群体都有很大的选择余地和空间。怎样有效把产品信息传播到消费者那里，让消费者购买并忠于产品，表面上看这是一个市场营销的问题，从意识形态来看，其实是一个观念、一种想法、一种状态、一种感觉的传播与倡导。即使是前面我们提到的，需要一个好记又简单的广告语，也需要把产品的价值感和理念融入广告中。

客户不需要产品，而是需要产品带来的价值。为什么同样是卖手表，有的卖几百元，有的卖几万元；同样是卖汽车，有的卖几万元，有的卖几百万元；同样是卖服装，有的卖几十元，有的卖几千元。难道后者产品品质比前者产品品质一定要好几十倍甚至是上百倍吗？并不一定。为什么人们愿意多付几十倍甚至上百倍的钱支来购买呢？因为人们买的不是产品品质，而是产品价值。

产品之所以有价值，是把一种理念导入了产品，让消费者从理念中感受到了产品的价值。消费者要的是健康、美丽、舒适、安全、尊贵、成就、荣誉。所以我们不管卖什么产品，都是围绕这些理念做文章。

因此，卖产品真正卖的是价值和理念。有人需要健康，若有产品代表健康，这就是他需要的；有人需要安全，若有产品代表安全，这就是他需要的；有人需要尊贵，若有产品代表尊贵，这就是他需要的。人们花几万元买一只手表，要的不是看时间，而是尊贵的体验。比如麦当劳卖的是快乐，星巴克卖的是休闲，小米卖的是参与感，沃尔沃卖的是安全，无一不是在卖理念。

一款新的产品要走向市场，让消费者接受，首先要确定产品理念。产品要向消费者传达什么样的信息，这样的信息是否能被消费者接受，这都是确定产品理念时要考虑的核心因素。卖理念是产品走向市场的第一步，理念的好坏直接影响到产品后续的发展。

综观市场上销量高的产品，无论是王老吉还是农夫山泉，它们都是在产品上市的第一时间抓住了消费者的眼球，这就是理念的魔力。

一个产品或服务的理念不在于它的产品有多酷，它的平台有多好，它的广告有多好看，而在于它的产品理念是否植入人心。

比如，乔布斯拿着他的产品说："我是要来改变世界的。"扎克伯格做的不仅是一个社交网站，他提供的是人类可以更紧密联系在一起的愿望。在产品和商业模式泛滥的时代，我们无法像从前那样只关注技术或推广本身。赋予产品情感、理念，才能打动那些与你产生共鸣的消费者。

为什么要给产品一个理念？我们用一瓶矿泉水来举例：一瓶矿泉水是某家不知名企业生产的，大家看到这瓶矿泉水，只会想到一个方面——它是一瓶能解渴的矿泉水。这就是一般意义上的产品。如果赋予产品以理念，还是这瓶矿泉水，但它是娃哈哈或者农夫山泉，看到它我们就会想到另一个方面——它是中国驰名商标，还会想到"农夫山泉有点甜"，这就是一个产品的理念。

一个好的产品往往不仅是产品本身质量好，还是孕育产品的企业的思想、理念、价值观的完整体现。在产品同质化的市场竞争下，客户无法辨别谁的产品最好，只有理念和品牌才能区分产品差异。

所以在产品品质上不断强调品质超群，也要在产品理念上告诉大家你的产品跟别人不一样，即使是相同的产品，只要我们导入不同的理念，就会产生不一样的效果。所以销售产品关键在于卖理念。攻心为上，攻城为下，只要客户接受了产品的理念，那么在同等水平的产品中就会被优先选中，这就是理念的作用。

比如，江小白打造"文艺青年"的理念深入人心，小米达人"新青年"的理念也能直击人心，甚至更容易产生共鸣。在当下互联网极速发展的时代，消费人群的"痛点""痒点"和"爆点"是品牌营销及推广的重中之重。精准抓住新时代大环境下消费者的流行特质，引领或跟随大众化消费口味，找到人群中共同的声音，是品牌创意营销成功的第一步。

由此可见，理念的设计首先要考虑理念本身是要解决问题还是强化信仰。如果这两点都不沾边，那一定不是好理念。

产品理念就像是一个标签，让产品在消费者心目中定位。同时，它又像一把利剑，为产品在市场上劈开一条血路，打造一片属于自己的蓝海。不仅如此，好的理念可以让产品拥有较高的辨识度，虽然简短，却字字铿锵，直击消费者的内心。

三、有料有看点的包装设计

产品要想卖得好，除了有理念之外，更多的是要"刷存在感"。这是什么意思呢？就是产品能让消费者非常容易看到、听到、摸到、嗅到、尝到等，让它具有可视性，容易被感觉和理解。

我们每天都会面对形形色色的广告和宣传海报、网络页面，这就是对产品外在的包装和宣传，以建立人们对它的品牌印象。当然广告只是其中的一种表现形式，还会有一些其他的方式，比如一些活动或是人们的口碑相传等。而一个好的产品外观设计，是用外在的方式，树立人们心目中对产品的良好印象。

好的产品宣传海报是产品与消费者之间建立连接的有力手段。在精神与物质获得极大丰富的今天，消费者越来越注重产品的外观和宣传，对设计感的期望值越来越高。

对于消费者而言，设计良好、功能优越的品牌包装已经不能满足需求了。那些能够与顾客进行交流，满足现代人热衷的娱乐性、个性、互动性方面需求的外观设计宣传包装才是好包装。为此，企业在产品设计上开始注重用户体验，希望能够给予外观设计和产品包装使用者快乐或者是出人意料的触动，吸引住爱尝鲜的消费者。

消费者购买很多产品，不再是冲着它的功能而去，而是冲着感觉去的。

一个产品的感觉不是在使用后才产生的，大部分是从外包装上和宣传设计上来的。而这种感觉的氛围一旦塑造成功，对产品的售价也会有影响。

一些电商在产品包装上都有了温馨的提示，或者让产品设计的东西可以二次利用等，这都是在宣传设计方面下功夫。特别是在高档包装和礼品包装行业，这种发展势头更加旺盛。从顾客角度看，希望打开包装后能看到完好无损的产品，同时包装看起来不是那么"寒酸"，也就是说要有档次，最好能诠释品牌意义与品牌关系，让他们送人的时候比较有"面子"。

包装设计不仅是机械地将包装做出来，而且要包含视觉包装和心理包装，要让消费者得到视觉和心理的双重认同。产品的包装要和产品的优良品质相匹配，这样才能相得益彰，塑造品牌价值，好的产品包装甚至本身也是一个非常优秀的广告和宣传。

另外需要注意的是，产品的包装需要让受众群体知道，产品到底是什么，不要太过浮夸。产品包装作为品牌识别要素的一部分，它会引导消费者产生对品牌的延伸思考和联想，对后续的购买甚至是品牌旗下其他产品的购买产生影响。

现实中的包装设计给我们的感觉是简单大方或者秀丽华贵等，无论喜欢还是欣赏，都能够与消费者之间产生共鸣。包装设计的风格不同面对的消费群体也不同。所以，在产品的包装和设计上，有一位外国专家的理念就值得我们借鉴。

Dieter Rams 是德国著名工业设计师，他以一名工业设计师的视角解释了什么是好的设计，他认为好的设计要做到以下几点：

（1）富有创新性——创新的机会总是存在，科技进步总是为创新设计提供新机会。两者总是一前一后。

（2）让产品有用——产品必须有用，需要满足一定标准，这些标准不仅包括功能，而且还包括心理学和美学标准。好的设计不考虑任何背离产品的东西，强调产品的有用性。

（3）能带来美感——产品的美学特点与其有用性是统一的整体，因为你每天都要用到产品，它们会影响到你的幸福感，只有好的东西才能称之为美。

（4）能解释产品——好的设计能阐明产品的结构。如果能让用户通过直觉了解产品的功能，那会更好。最好的设计是让产品不言自明。

（5）不张扬——能实现某个目的的产品就像工具一样，既不是摆设，也不是艺术作品。因此设计应该是中立、有限度的，给用户预留表达空间。

（6）忠于产品——好的设计并不会改变产品自有的创新性、力量和价值，不会给用户开空头支票。

（7）持久——好的设计会避免看上去太过时髦，因此永远也不会看上去过时。即便是在现今用完就扔的社会里也会存在很多年。

（8）关注每一个细节——好的设计不能有任何随意性。在设计过程中的用心和精确可以表现出对消费者的尊重。

（9）环保——好的设计需要对环保做出重要贡献，应该能够在产品的生命周期内节省资源，减少物理和视觉污染。

（10）越少越好——更少，但更好。因为好的设计专注于核心方面，产品没有非核心元素带来的负担。好的设计纯粹并且简单。

在这个崇尚潮流的时代，所销售的产品想要赢得市场，就必须使消费者对品牌认可并产生强烈的购买欲，从而刺激消费。

四、助推产品扩散的实力软文

想打造一款"爆品"，除了要有好产品外，创作强大影响力的销售软文同样重要。著名管理学家德鲁克说，企业要做两件事：一件是创造价值，另一件是传播价值。前者是基础，后者是助力的工具，二者不可或缺。好产品如同好酒，如果没有实力文案给其宣传助力，如同酒香但却巷子深，不被客户赏识。

一个好文案对卖产品的人来说很重要，因为文案是产品的灵魂，产品是死的，不会说话，而文案可以赋予它生命，让它和客户交流，传递一份感情，触动消费者，打动客户，从而产生交易，这就是一个成功的产品文案。

举例来说，同样是推广蜂蜜产品，如果推广一款以女性养生为主、辅以爱为主题的产品，产品的文案均要围绕爱的故事展开，在产品的包装、设计上都要配合，如将重量灌装为520克，寓意520（我爱你），包装可以设计成心形，两颗心组合在一起等，文案可以写"520，我爱你，在一起!"这样就把一瓶蜂蜜赋予了故事和文化，可以触动客户。用它送给女朋友或者是爱人的时候，会比简单的一款蜂蜜更有价值和意义。

在《参与感：小米口碑营销内部手册》一书中，小米手机有如下两个宣传文案值得借鉴：

案例一：小米手机就是快

在小米手机2发布之后，他们想要传达2代手机核心卖点是性能翻倍，全球首款四核。所以在海报表达上倾向突出高性能的特性,"快"是核心关键词。文案有"唯快不破""性能怪兽"等十几个方案,但最后选择了"小米手机就是快"。主要是够直接,够明白。

案例二:小米活塞耳机

做耳机的营销很难,因为耳机是很专业的东西,比如说音质,音质本身没法用图文精确描述,市场上几乎所有耳机的营销案,一般都说所谓"高频突出,中频实,低频沉"。小米第一次做耳机,如果再讲这些东西,第一是跳不出原来的路数,第二恐怕没别人讲得专业。小米最初提出一堆名字大多都是"灵动""灵悦"之类,在商品中毫无辨识度。小米需要更简单直接的表达。于是小米耳机从音腔形态和发声单元外表上找到了出路,外形像活塞,他们就以此命名为"小米活塞耳机",活塞给人感觉有动力感。产品点分为卖点和噱头,卖点是用户愿意为之掏钱的,噱头是有意思但用户不会为之掏钱的。卖点定义为两类:一级卖点和二级卖点。一级卖点只有1个,这样用户才记得住,如果你说3~4个就等于没说。二级是辅助描述一级的,一般有2~3个。

一级卖点方案1:灵感来自于F1活塞设计。

被否:描述太虚。

一级卖点方案2:航空铝合金一体成型的音腔。

被否:这是二级卖点。

二级卖点方案:奶嘴级硅质,柔软舒适。

被否:不是卖点,是噱头。

最后卖点定的是——小米活塞耳机,99元听歌神器。活塞耳机的卖点,一开始总结了 12 个，后来变成了 7 个，再否定，到最后只剩下了 3 个。这是一个去繁从简的过程。小米在意的是消费者如何跟朋友推荐，肯定不会说广告修饰词，而是直接简明说最重点的要素：使用一体成型的铝合金音腔所以音质好，军用标准的凯夫拉线材用料好，礼品包装高大上，还只卖 99 元，买个包装都值了。实际上，见过这款产品的人几乎都能把 3 个核心卖点背下来。

营销需要创意，因为再好的内容也需要创意来表达。有位著名创意广告大咖说过"没有创意就去'死'吧!"可见其对创意的追求及执着。写营销推广文案也需要创意，好的创意能让文案生动有趣、耳目一新、记忆深刻，能让消费者购买产品或服务，能让他们自愿宣传，能让他们在原来的文案上再创作，能让品牌长期刻在他们心中。江小白之所以占领江湖地位，在于并不是酒有多么好，而是文案创意深入人心，才让那么多人喜欢上了江小白。

随着人们审美的提升，"硬广"的时代已经过去了，就算产品好，纯粹的广告还是会引起消费者反感，甚至有可能会被屏蔽或删除。所以，写一个好文案要用心思。在具体操作上，要注意以下几点：

首先，要明白做产品的本质与做产品文案的本质：都是服务于它所对应的目标使用人群。要针对产品目标使用人群的喜好、"痛点"，这才是产品存在价值的体现。产品设计出来就是给人使用的，谁买产品谁就是"上帝"。"上帝"喜欢听什么、想要看什么，就给他展示什么，把"上帝"哄高兴了，他们才能开开心心买产品。

其次，在正式开始软文编写之前，要足够了解公司的产品，要知道哪类群体对产品感兴趣，要知道产品出现在软文的哪个部分才不会被讨厌。想要写出好软文，首先得是个故事家，然后还要具备足够的数据分析能力。

再次，软文的精髓就是"软"字，要把广告做到春风化雨、润物无声的境界。如果一篇软文，直接开门见山，不做任何铺垫就亮出产品，这和传统的"硬广"并没有实质性的区别，属于纯粹打广告，无法引起受众的阅读兴趣，甚至会造成受众反感。因此，在撰写软文的过程中，切忌开头长篇大论大谈特谈品牌产品，仅需要在铺垫的最后篇幅亮出画龙点睛之笔；要懂得保留足够的悬念，用适当的表达引发读者的猜想，让他们深入到文章里面，促使受众有看下去的欲望。

最后，写软文一定要从真实的经验谈，不要只抱着推广产品的心理写软文，这样写出的内容往往带有明显的广告意味，对读者是不友好的。总的来说就是要换位思考，多站在读者的角度去写软文，这样写出来的软文就不会让人反感。

五、线上线下的布局与整合

随着互联网和移动互联网的发展，电商得到了迅速的发展，成为今天消费者购买行为的主要方式之一。但是，任何事物都有物极必反的规律，从2018年开始，消费者出现了希望重返实体店购买的趋势，通过实体店购物的消费者比例呈现出攀升的趋势。所以，这就给产品营销提出了新的思路和方向，必须线上线下共同布局整合，才能发展得更好。

所谓线上营销是指网站、手机网站、微信网站、网络商城等配合着全网营销，实现传播渠道的控制，实现销售渠道和销售网点最大限度地接近客户。

所谓线下营销是指在全国招商，在全国各地建立大量的专卖店、商场专柜或者分支机构，配合全网营销，就地服务客户，提供产品、安装、售后服务等。线下经营的店面需要解决 5 个问题：如何让客户第一次来消费；如何让客户重复来消费；如何让客户每次消费量都很多；如何让我们的库存最少；如何降低我们的经营成本。同时，线下的终端要学会如何利用微营销技术服务和引导客户。

随着时间的推移，线上主要功能可能越来越多的是实现销售以外的目标，比如品牌的宣传、用户信息的获取、新产品测试、服务信息跟踪反馈、售后服务等。那么企业的营销策略如何在品牌宣传与及时获取用户信息之间取得平衡？目前很多企业线上营销的一个主要功能就是获取用户信息，以便接下来进一步与用户取得沟通，引导用户来线下实体店洽谈和体验。这是和线上直接销售紧密相关的营销行为。例如，许多家居产品需要线下的体验，不太可能直接在线上电商平台的店铺下单，所以需要在线上获取用户的联系信息，然后再通过电话沟通约消费者来线下体验店洽谈下单。

其实，线上线下整合营销无非是解决两件事：客户接收到或者找到了购买产品的理由，并且客户能方便地购买。如何让客户了解产品，这是传播问题；如何让客户方便地购买，这是渠道建设问题。而线上和线下整合，正好能够解决这两件事。建立线上商城并且到目标群体经常活动的地方，对目标客户进行"引流"，吸引大家到商城购买，这是在线上解决客户的购买方便问题；建立专卖店、商场专柜或者其他终端销售网点，让客户比较容易在线下购买和体验，这是线下引流，是在线下解决客户购买方便的问题。

做好微营销，利用微信、微博营销维护客户，让客户及时得到经营信息，甚至让客户能够在线上定制产品和服务，这是终端店的经营方式，解决客户的重复消费问题和忠诚问题。

现实中，我们会发现消费者，包括我们自己，获取信息时都不可能只依赖某一种途径。比如,日常生活中离不开手机,可以通过手机获取信息,但是又会从一些其他场景终端获取信息,这种碎片化、跳跃式的行为,说明消费者获取信息的方式多样化,所以企业要想覆盖到尽可能多的目标人群,就需要进行跨媒体传播,让品牌信息在不同类型媒体之间交叉传播,形成整合互动。

单纯的线下推广或者是线上推广,都有太多的局限性,只有做到整合,才能解决很多矛盾,能有效改善传统线下广告投放方式的诸多问题,又能与线上相结合,很好地提升了推广功效。

六、独一无二的产品差异化

有人这样形容产品的差异化:一个产品没有卖点,或者说没有区别于竞争对手的差异化卖点,就如同白羊群里的一只白羊,很难被发现。反之,产品差异化卖点鲜明,则像白羊群中的一只黑羊,可谓一枝独秀。

那什么是差异化呢?一个产品,不是简单地给出一个低价,如果能向买家提供有价值的独特性,那么它就和竞争对手形成了差异化。一旦差异化能为产品和服务带来更高的售价,那么就拥有一个差异化竞争的优势了。

在《与众不同》一书中是这样描述"差异化"的:其关乎品牌的生死存亡。消费者在众多选项中做出选择,常常是因为差异。如果某个品牌具有明显的差异,消费者能从理智上接受这种差异,品牌就能在消费者心智中留下深刻印象,所以必须给消费者一个选择你的理由。任何东西都能实现差异化,但是必须找到一个独一无二且有意义的差异。

简单来说差异化就是产品的"卖点"。作为一个营销人，最常做的一件事就是为产品找卖点。也有不少人经常抱怨，在产品同质化的今天，产品的差异化卖点越来越难找，或者说产品根本就没有差异化。的确，在市场经济时代，各种产品"百花齐放"，无论消费者产生何种需求，都能够迅速被商家满足，而且能满足消费者同一需求的商家更是多如牛毛，产品同质化愈演愈烈，品牌之间存在的差异点越来越少，竞争早已进入白热化和透明化。

竞争战略的创始人迈克尔·波特认为，在竞争激烈的产业环境中，企业要想生存并盈利，就需要做出战略抉择：要么走"差异化"的路径，通过研发和营销策略，为其产品构筑与众不同的品牌效应；要么走"成本领先"的道路，打成本牌，通过薄利多销扩大市场份额。

在商业发达的今天，大部分商品卖得好、有卖点都脱离不了"差异化"。比如，曾经牙膏就只是牙膏，洗发水就只是洗发水。今天，要领悟"差异化"的最绝妙的方法，就是去超市的牙膏货架前，花半小时细细地看一遍，就会发现牙膏有美白的、坚固牙周的、防敏的、防龋的，洗发水有控油的、去屑的、柔顺发质的、防脱的，等等。这就是产品差异化策略。

例如同样卖冰激凌，哈根达斯无论从定位还是价格、品味都堪称是走出了真正的差异化。哈根达斯的一份85克的冰激凌球价格高达34元，冰激凌套餐在80元以上，一般人均消费60~70元。有些恋爱中的男女，也许买不起昂贵的礼物，但一定会去体验一次哈根达斯，这是一种表达爱最直接的方式，也是体验浪漫爱情的心灵旅程。一句有魔力的广告语，配合独特的定位，实现了比同行多出30倍的利润。

从哈根达斯案例不难看出，真正的差异化无非是人无我有，人有我优，人优我特，人特我更特。

需要注意的是，虽然创新的形式可以灵活多变，内容可以精彩纷呈，但"以顾客为本"的宗旨不能动摇，否则，很容易走入"为求新而求新"的误区，与营销初衷南辕北辙。只有时刻秉承为顾客着想、让顾客满意的追求和诚意，差异化的道路才会越走越宽，"求新"的源泉才不会枯竭。

打造产品差异化需要重视以下三个方面：

第一，这个产品是消费者最关注的，产品所提取的卖点一定是消费者最关心并且也是最关注的，而且这个卖点可以解决消费者面临最困难的问题。例如，就去屑洗发水而言，去屑就是消费者最关注的因素。因此，去屑效果好是解决消费者最关心问题的核心因素。

第二，产品本身具有的特质。能深刻打动消费者的一个点就是产品自身实实在在具有的特质或者属性，并不是商家营造出来的噱头用来欺骗消费者。例如，去屑洗发水的去屑效果是消费者最关心的卖点，那么产品如果以去屑为主要卖点，务必要有能证明去屑效果好的有力证据。

第三，竞争对手目前还不具备的卖点。打造产品差异化的卖点，目的就是与竞争对手的产品区别开来。谁的产品卖点被率先推出，谁就能最先抢夺消费者眼球，相当于已经占据了市场位置，与此同时也在消费者心目中留下了深刻的印象。此后，如果再有卖点相类似的产品希望进入市场，那么进入的门槛将会变得很高。

第五章

从"火爆"到"长爆"的营销策略

一、占领市场的根本是要赢得用户

营销的目的在于成交，其中最重要的是产品，最关键的是客户，只有让客户建立了长期的品牌忠诚度，才能实现利润最大化。所以，想要占领市场的根本是赢得用户，让用户对产品忠诚。比如，有部分人是苹果产品的"粉丝"，也有一部分人独爱小米、华为，无论什么产品或服务，只有建立了用户的忠诚度，赢得用户的信赖，才能为企业带来源源不断的收益。

可以说获取优质客户，培养用户忠诚度是每个企业走向成功的必修课。客户忠诚的形成是多方合力的结果，可以是来自优质的产品、差异的定位、独特的宣传等。

在移动互联时代，人们每天接触很多条广告信息；在产品眼花缭乱、层出不穷的年代，你所要的任何产品几乎都有多个品牌提供。所以"爆品"抢占心智资源的速度尤其重要，因为"心智资源"代表着第一，也代表着唯一。

无形的思想总是决定着有形的产品，心智资源也是如此。心智资源决定着产品的市场地位，谁占有了心智资源便是占有了市场，谁垄断了心智资源便也垄断了市场。

如今企业要想顺利地经营下去，必须要有潜在的客源。顾客之所以购买你的产品，主要是因为他们对你的品牌和服务非常满意，因此才会重复地购买。只要顾客用得好，他们不仅自己用，还会主动推荐给自己的朋友用。如果一家店能建立起顾客忠诚度，那么潜在客户会越来越多，店面人气也将会越来越旺。任何一家店如果不从顾客的角度出发考虑问题，做不到使顾客满意的话，注定要被淘汰出局。

营销通常讲"不要回头货，只要回头客"。占领市场的根本是要赢得忠诚用户。只要赢得了用户的忠诚，第一，能够节约成本，据营销经验和相关调查，确认获取新顾客的成本是保留一位顾客成本的五倍，由于与老顾客沟通起来容易，企业不必花大量的时间和精力进行促销，从而减少了运营成本；第二，顾客对某个产品忠诚不仅可以拒绝同行业促销的诱惑，还会主动向亲朋好友和周围的人推荐，为企业进行义务宣传，成为不花钱却最具有价值的广告，从而为稳定现实顾客、增加潜在顾客打下基础；第三，忠诚顾客以克服服务易逝性所导致的供需矛盾，减少因服务能力过剩或短缺造成的大量利润损失的机会，可以增加利润，减少成本。

那么，用户的忠诚来自哪几个方面呢？

（1）迫不得已的忠诚。也就是客户没有选择的余地，举个最实际的例子，在偏远农村，开个小卖部生意就很火爆，是因为客户没得选，只能去这家买东西。

（2）习惯性忠诚。比如有的人认为使用移动通信服务时间长了，也不管是不是省钱，不爱更换其他的通信服务，这是一种惰性造成的习惯性忠诚。

（3）利益忠诚。这种忠诚源于企业不断给客户利益刺激。例如，同样两家企业 A 和 B，其产品质量差不多，服务水平也大概相等，而你是 A 的会员，在 A 消费的时候你觉得有会员价便宜，一旦某天发现 B 的价格更诱人，你会弃 A 选 B。再比如你是某航空公司的白金或钻石会员，会享受到不同级别的待遇，你会变成这家公司的使用者，这都属于利益忠诚。

（4）体验忠诚。这个是指如果使用一款产品发现其安全、好用，而且性价比又非常高，这样就会喜欢上这款产品，变成忠实"粉丝"。比如，苹果产品的"发烧友"大部分属于体验忠诚，在没有使用苹果产品之前，只觉得苹果产品贵，一旦用过以后，觉得产品好用，就顺理成章变成苹果产品的"粉丝"。

（5）认同忠诚。拥有这种忠诚的用户一般受个人价值观驱使，一旦形成很难改变或撼动。比如，很多奢侈品牌就属于此类，用 LV、开宝马、穿普拉达等，这不仅是认可某个品牌，更是一种身份和价值的象征。认同类的忠诚有很强的跟风性和稳定性，这是人的社会属性的根基。所以这种忠诚是企业能够做到的最高境界，并且影响深远。

无论以上哪种忠诚，都离不开给予用户惊喜。根据心理学的理论与营销实践的结合，有这样一个公式：顾客对某个品牌或产品的预期+现实＝失望/满意/惊喜。

针对商家对顾客的承诺高过现实的情况，如果不能完全兑现承诺，就会造成消费者失望，失望带来的后果是消费者离开该品牌，而这种离开还不同于因为有替代商品竞争或特殊原因的暂时性离开，这种失望后的离开意味着消费者有80%的概率不会再回头。而当商家的宣传承诺能够兑现，则会换来消费者的满意。消费者满意是绝大多数品牌可以做到的，但正因为都可以做到，所以并不能换来顾客的高度忠诚；只有那些完全兑现了承诺，并多给消费者一些承诺之外的利益，才会给消费者创造出惊喜的消费体验，使顾客心甘情愿地回报给品牌绝对的忠诚，这种忠诚可以抵消部分的价格因素，甚至是原谅品牌所犯下的一些过错。现在能够给消费者带来惊喜的品牌并不多，他们对品牌充满希望，还在期待下一个惊喜。

在餐饮界，人人都知道海底捞是一个口碑非常好的公司，消费者忠诚度高，这是因为海底捞的服务做得好。去海底捞的洗手间，会有人递毛巾，这是个常规性的服务。但是海底捞并没有安排小姑娘小伙子递，而是安排了一些年纪大的老爷爷老奶奶，一脸慈祥地把热毛巾递给顾客的时候，这种温暖的感觉是无法取代的，这就是创造给消费者的惊喜。关于海底捞有句流传语：地球人已经无法阻止海底捞做服务了，而它创造惊喜的部分还不止于此。所以常规的服务已经无法打动消费者了，要创造惊喜的服务才能去打动消费者。

给客户惊喜和价值感，是服务或产品要追求的销售境界。想要获得用户忠诚度，最好的办法是超越用户期待，让客户购买到惊喜，感觉产品有价值。

二、让"爆品"赢在产品之外

固有思维认为，"爆品"无非就是好产品，这个思维不能说全错，但也不全对。"爆品"建立在优质产品的基础上是没错的，但真正让一个产品能够从"火爆"到"长爆"，光有好产品还不够，需要在产品之外下功夫，比如营销时机、用户传播机制等。

产品作为企业经营过程中的一个基本要素，代表着消费者需求的直接体现。由此可知，产品的成败直接影响企业的成败，许多企业都致力于打造一款足以改变企业命运的产品。然而，理想与现实之间还存在一定的差距，调查表明，产品的失败率一直以来都居高不下（新产品的失败率甚至超过90%）。产品失败率高从表面看来是因为产品没能找准市场定位或者产品本身竞争力不够而造成的，事实上实际情况并不是这样。原本看起来非常直白的问题总会牵扯一系列其他问题，比如产品质量与价格问题会牵扯到产品的定位，产品知名度会牵扯到推广与其他渠道，经销商会牵扯到销售政策、产品组合以及渠道结构，销售人员的问题还会牵扯到策略规划、组织体系以及激励体系。换句话说，产品存在的问题并不仅有关产品本身，还和产品之外的许多因素息息相关，这就是我们常说的"功夫在诗外"。

要解决产品问题，必须跳出产品本身来思考。事实上，产品的成功不是战术上的成功，而是战略上的成功。换句话说，产品要获得成功，思考的高度就一定要高于产品本身，否则将陷入支离破碎的细节之中，难免因为顾此失彼而导致失败。

首先，要关注营销时机。产品和人一样，不但需要自身具备强大的能力，同时还要遇到好时机，才能脱颖而出。

营销要抓住外部市场环境中有利的短期时机，开展有利于产品发展的营销活动，可以说是成本最低、效益最好的营销方式之一。时机可以是一个事件、一个节日、一个热点话题、一次市场变化等。

营销时机带给企业的丰厚礼物，是所有企业都想拥有的。越是好的东西越难得，它往往隐藏在深处，只要企业用心观察，用心思考，就会发现一些蛛丝马迹。

2008 年的地震使汶川变成一片残垣，王老吉迸发出强烈的社会责任感，慷慨捐出了一亿元，结果使更多的人将眼光关注在红罐凉茶上，不少人说："要捐就捐一个'义'，要喝就喝王老吉。"一亿元救助了汶川，汶川地震也成就了王老吉。

热门事件之所以是热门，是因为关注的人多。热门事件往往是发现时机的突破口，利用热门事件进行营销，有助于推广品牌，扩大品牌的影响力，让消费者在关注热门事件时也关注到品牌，这无疑是一个很好的助推器。

其次，还要具备营销思维。比如，经常遇到这样的营销问题：

"爆品"应该是新品还是老品呢？笔者认为，不管新品还是老品，"爆品"就是"爆品"，新品可以，老品也可以。新品中有我们看到的更新迭代的苹果产品、销售火爆的小米新机。老品也可能成为"爆品"，例如东北大板、马迭尔冰棍、北冰洋汽水。产品只要具备了"爆品"的特性：小众、高关注度、解决痛点，就可以成为"爆品"，无论新老。

卖得最多的是不是就是"爆品"？有可能，但很多不是。

赔本赚吆喝的跑量产品是不是"爆品"？企业经营的本质是利润，如果打造"爆品"就是降价这么简单，还能有那么多人讨论"爆品"思维以期让其"长爆"吗？

总之，"爆品"营销有学问，产品背后有卖点。除了营销时机，还要重视用户的传播机制。

比如江小白的"表达瓶"，在做产品设计时就考虑用户的使用场景。有100毫升的小瓶供4个好友小聚，一人一瓶不劝酒；有750毫升的"三五挚友"，可以开怀畅饮；更有2000毫升的"拾人饮"用于团建和宴请，这让产品本身就有了场景。同时酒瓶上印有"手机里的人已坐在对面，你怎么还盯着手机看""青春不是一段时光，而是一群人"等表达当代人情感的文案，就会引发大量传播。因为场景有情绪，而情绪本身就具有传播性。

无论是抢占营销时机还是注重用户传播机制，都给了我们这样一个营销思路：功夫在产品之外。

三、在用户原有习惯的基础上创新

习惯是一种不需要意识的行为，是一种潜意识里已经约定俗成的反应。人要实施某项行为，实际上是对其遇到的问题和状况，经过一段时间的思考后，做出的反应。因为问题经常出现，问题出现后的反应能带给人满足感，慢慢把这种反应变成了习惯。常见的消费习惯大概有以下几种类型：

（1）先锋型。此类型的消费者走在消费前沿，注重时尚，同时比较有远见、有追求，对技术、产品比较敏感，愿意采用已接近成熟的技术和产品来提高工作效率和生活质量，走在大多数人的前面，电子产品的用户就属于这一类。

（2）"发烧"型。此类型的消费者属于大众所说的"新新人类"，追求产品的新、奇、特。因为消费习惯前卫，所以数量有限，他们对新发明、新创造极感兴趣，愿意尝试不成熟的技术和产品，甚至自己动手参与个性创作或给厂家提出建议。小米手机最初的参与感就是针对这一类人而设计开发的，其宣传口号是："小米手机，为发烧而生。"

（3）实用型。此类型的消费者不爱冒险，注重实际，对产品的性价比要求较高，对品牌的忠诚度高，以求得较好的价格和安全感，而不愿冒风险去尝试小公司的新产品，这批人也称为早期成熟用户。

（4）保守型。此类型的消费者比较传统，大部分属于20世纪六七十年代的消费水平。他们不能轻易接受并选用与现在的工作方式和生活方式不相同的新技术、新产品，也不愿花时间去学习某类产品。只有当某类产品技术上已经非常成熟，几乎成为像牙膏、肥皂这样的日用消费品时，才会考虑使用，希望产品功能简单甚至单一，不需要自己再去准备配套产品或掌握一些专门知识。

消费者的习惯随着时代的变化而发生转变。把时间往前推 30 年，人们主流的购物方式是领票买东西，因为物资缺乏人们不可能按需购买。往前推 20 年，人们生活水平有了提升，对于购物方式的选择更加丰富，有供销社、商店、小卖部、街头小贩等，解决了从有到好的问题。往前推 10 年，互联网改变了人的生活方式和购买习惯，足不出户就能买到自己想要的产品，而营销争夺流量则成了商家最需要解决的问题。直到今天，移动联网成了主力，微商、微店、微信小程序层出不穷，从传统电商的高额入驻费让消费者向陌生人购物，转变到小程序电商线下化、熟人化。人们更加喜欢在熟悉的店铺购买熟悉的产品，并享受长期购物的累积优惠。

消费者的消费习惯一直在改变。随着移动设备硬件和软件的发展以及人们消费习惯的改变，PC 端电商早已不能满足用户对于购物的需求，因此移动端用户的增长量远远大于 PC 端。所以，要实现精准营销要在用户原有习惯的基础上去创新，去顺应时代发展。

消费者的变化其实很大程度上与其价值观、社会背景有相当大的联系，如出生于 20 世纪六七十年代的人们的消费习惯和"90 后"的消费习惯会有非常大的不同，他们的意识形态、价值观影响消费市场的变化，也对商家产生深远的影响。

消费者的习惯随着时代发展而日新月异，这也就意味着前五名的品牌能贡献 60%~70% 市场份额的年代已经过去了。所以要抓住细分市场，在熟悉不同人群消费习惯的基础上，进行改革和创新，以吸引更多的消费者青睐产品。

淘宝改变了人们从商场实体店购物的习惯，直接颠覆了传统的商贾文化，现在网上购物已经成为一种生活方式。16年前，淘宝上线的时候，很多人嗤之以鼻，而如今"双十一"当天的销售额一年比一年加倍增长，现在人们都习惯性地用淘宝买东西，并且都说没有淘宝买不到的东西。

苹果产品则更新了消费者的习惯，iPhone的出现带来了一系列的重大变革，其不能更换手机电池、没有多任务、不支持其他系统的蓝牙传输、没有键盘等，一切都与原来的主流相悖，然而经过了适应、引导、改变的过程，依靠颠覆式的创新得到了世界各地狂热"粉丝"的大力支持。之后技术不断革新，创新的人机对话的交互方式让Siri被打造成一个无所不能的全新人工智能产品。

乔布斯不在乎消费者要什么，他从一种哲学的高度出发，做了一系列极简的产品，颠覆了手机行业，此为做产品的最高境界——根据消费习惯引导消费者需求；做产品的第二个境界就是去满足消费者的需求，包括产品层面和心理层面；第三个境界的产品既不能引导一种需求也不能满足消费者需求。

影响消费者购买行为的因素有很多，如文化因素、环境因素、消费者个人因素及心理因素等。其中消费者的心理因素对其产生着重要影响。消费者的购买行为主要受到需求与动机、感觉与知觉、信念与态度、情绪与感情等一系列心理因素的影响。广告创意也好，产品创新也罢，必须在把握好这些心理因素的基础上，进行新颖、独特的想象，创造出具有吸引力的广告意境，构建起产品与消费者之间的心理联系，从而激起消费者的购买欲，达到促使消费者的购买行为。

四、服务和产品要超出消费者预期

经常购物的人应该有一个体会，当购买了一件商品后，发现商家送了小礼品，收到商品的时候，心里会有小惊喜。这种方式就是超出预期的体验。超出预期的用户体验，就是消费者原本以为只是如此，但是没有想到却远远超出了消费者的想象（比想象中更好）。这种体验会给消费者很大的冲击，品牌会一下子进入消费者的内心。如果是好的预期，会给品牌带来新的生命。

当然，也不能排除消费者产生坏的体验，比如之前说好的质量结果拿到货以后发现与描述不符，找客服理论，发现对方的态度非常恶劣等，这些体验会让消费者对某个品牌或商品产生极其糟糕的体验，一下子就会将其拉入黑名单。

有一个关于预期营销的故事是这样讲的：

研究人员做过一个有趣的实验：每天固定给猴群中的每只猴子3根香蕉。当偶尔每天给每只猴子5根香蕉时，猴子们都会变得兴高采烈。有一次，实验人员给了每只猴子10根香蕉，随后又从猴子手中收回2根香蕉。虽然猴子们实际获得的香蕉数量超过以往任何一次，但是它们却对于实验人员拿走它们手里的2根香蕉感到非常愤怒，激动的情绪几个小时都不能平复。

这个实验告诉我们一个有趣的思维逻辑，在市场营销活动中，不注意这种思想对消费者的影响，可能让企业花费很多心力，消费者却不买账，甚至是费力不讨好。一些品牌各方面工作做得都很到位，但是消费者的满意度却总是不高，原因也在于此。这些品牌虽然做得很优秀，但是其对消费者的承诺也很高，如果承诺全部兑现，消费者也觉得这是理所当然的，不过是符合了最初的期望值。但是，当过高的承诺无法完全兑现时，消费者会产生巨大的期望落差，抱怨情绪也会马上出现。

所以，无论何时都要把"服务或产品超出消费者预期"当作营销的重中之重。营销有千万种，超出预期的体验是一种杀伤力最大的营销方式。在产品同质化泛滥、信息泛滥、信任缺乏的时代，只要让用户能够超出预期的好体验就是最直接的营销手段。例如，京东有时候做活动时，刘强东就经常扮演快递员送货，给客户最大的惊喜。这就是超出预期的体验。

在《海底捞你学不会》一书中，是这么描述海底捞的员工的：他们每个人的脸上都挂着发自内心的笑容。其他的服务型行业，比如民航业，空姐们虽然比海底捞的服务员更漂亮，制服也更好看，但是她们常常是一种皮笑肉不笑的状态。相比之下，海底捞服务员的笑容真的能够打动人。小米创始人雷军就问过海底捞的服务员："你当个服务员有啥好笑的呢？"服务员跟雷军说："我是40多岁的下岗女工，一直找不到工作，结果海底捞录用了我，七八年前就给我每月4000元的工资，我睡觉做梦都会笑醒。"关于海底捞还有个段子讲得特别好。有个客人在海底捞吃完饭后，想将餐后没吃完的西瓜打包带走，海底捞说不行。可是他结完账时，服务员拎了一个没有切开的西瓜对他说："您想打包，我们准备了一个完整的西瓜给您带走，切开的西瓜带回去不卫生。"那一瞬间就把客户打动了，所以这才是真正地超出了消费者预期。

常有企业家或营销人员提出这样的问题：我的产品非常好，在这点或那点上，是全国首创、唯一、最好的。放眼全球，几乎没有竞争的对手。但是用户并不能理解我的产品好在哪里。

可以说，这是很多商家犯的通病，产品就像自己的孩子，哪怕客户并不买账，都自我麻醉认为是客户"有眼不识金镶玉"。很多商家先麻醉自己、麻醉团队，让自己认为自己的产品就是最好的，发自内心相信了之后，然后再去麻醉用户。这种"麻醉战术"，在今天的效果已经大不如前了。因为一旦陷入自己产品就是最好的自我催眠中，是不太可能带给客户超预期惊喜的。只有时刻检视自己的服务或产品在同类中够不够好，是不是还有更好的空间，当客户在同类产品中用到自己的产品的时候，才会感到惊喜。

我们来看两个案例：

第一个案例：有一名消费者去海底捞吃火锅，其中有一个菜有点难吃，于是他就把服务员叫了过来，对服务员说：这个菜能不能给我换一下。服务员直接说道：不好意思，不能换。不过，我们再重新送你一道这个菜。从那以后，这位消费者只要在朋友聚会就会说起这件事，这就是免费给海底捞做口碑宣传。海底捞服务非常到位，也非常讲究技巧，超预期的服务让客人即便等着也要去吃火锅，或者说很多客户其实并不是去吃火锅，而是为了去享受非一般的服务。

第二个案例：客户进店后，坐在座位上开始点单的时候，经理马上跑过去向客户道个歉，并说道：真是不好意思，我要先跟您道个歉，今天您是我们接待的第48个客户，在我们店逢8就有礼，要送你们3瓶王老吉的，服务人员忘记了，真是不好意思。

看完这两个案例，如果你是客户，会有什么感觉？其实，这就是超预期服务。而大多数的超预期并非是自然发生的，都是被策划出来的。

顾客超预期是怎么达成的呢？如果你还是一味地以为较高的顾客满意度就是安安心心地做好自己的产品，让产品的质量更好、包装更好等，其实有时候是有失偏颇的，因为没有站在顾客的角度深度分析消费者的行为。顾客买到满足需求的产品是他期望得到的，你满足了他的这部分需求，只能够做到让消费者不反感，但是并不会超出预期，让顾客惊喜。要有高的顾客满意度就是要超出顾客的预期，提供给顾客一个超高的用户体验，那么究竟如何提供超预期的产品或者服务呢？或者说，该注意什么呢？

（一）谨慎承诺

消费者在购买某个商品前，经常是货比三家，综合参考，看哪家给出的承诺更好，这个承诺对于商家与消费者都非常重要，因此要谨慎承诺。有的企业会走进误区，进行夸大宣传或不实宣传，等客户拿到产品的时候发现并不是承诺的那样，他们不但不会惊喜，反而是会愤怒。要打造一个强大的品牌就要以道德底线为基础，走向更高的标准。其中言不过其实就是要求之一，否则，虽然可以获得一时之利，但是却动摇了品牌的根基。综观当今的市场，越是成功的大品牌，其宣传与承诺时越谨慎，而信口开河的品牌大多无法长久生存。因此，要从提供问题解决方案的角度来思考品牌的宣传与承诺，从顾客的角度反推回产品，这样从提供产品的利益到寻找目标消费者再到宣传途径都会更加精准，可以有效避免因沟通不畅或与消费者对接错位造成顾客失望。

（二）差异承诺

企业不夸大承诺或不过度承诺，虽然保住了道德风险，但同时也会带来新的风险，那就是顾客减少。那么如何在谨慎承诺和必须承诺之间找到平衡呢？承诺过度让消费者失望，承诺不足又会失去品牌竞争力，遇到这个问题时最好的解决办法就是所承诺的比竞争对手多一些，而做的比承诺更多一些，这也是一些顶级品牌的制胜关键。给消费者提供差异化的承诺，这样可以避免和其他对手正面竞争，以己之长克敌之短，可以有效弥补资源不足的劣势，还能获得差异化的竞争优势。比如，同样做空调，不强调制冷效果，而强调省电、静音、环保就是差异化。

（三）制造惊喜

前面两点基本讲述了如何兑现承诺使顾客满意，接下来是品牌胜出的关键——在顾客满意的基础上为其创造惊喜。惊喜的创造方式有很多，有物理属性的，也有情感层面的，比如多送一点赠品，价格便宜一点，或是给顾客一个预期之外的消费体验等。这个惊喜并非需要付出多么大的代价，因为只要超出顾客期望值哪怕一点点，也会让顾客兴奋甚至是感动。从营销实践中发现，单纯降低一些价格为顾客创造出的惊喜远不及为商品增加综合价值创造的惊喜有效。比如告诉顾客这个商品还有其他功效或功能，或是额外赠送个小礼物，比减免商品价格零头或打折要好。因为顾客已经通过商家对商品的承诺与商品价格之间找到了认可后的平衡，此时增加商品的价值会让顾客获得赚到了的心理满足，而降低价格则可能会降低商品在顾客心中的价值，反倒打破了原有的心理平衡。而且，从提高商品综合价值的角度来考虑为顾客创造惊喜，可操作的空间与方法也非常多。

总之，顾客无论从物理层面还是情感心理方面，一旦得到了超预期的消费体验，产品的口碑就会不胫而走，这是一条营销界的真理。

五、精准推送不让用户费脑筋

随着移动互联网电商的普及，当用户打开一个网站或 APP 的时候，扑面而来的产品广告就如野蜂飞舞般繁多。

假如问消费者几个问题：

如果你在微博或微信上经常收到广告信息，你会烦吗？多数人听到这个问题可能会毫不犹豫地说："很烦。"

如果你在微博或微信上经常收到与你有关的广告信息，比如正好是你感兴趣或者喜欢的产品，你会烦吗？多数人可能需要思考一会儿才会给出答案："可能不会讨厌吧，至少是自己感兴趣的。"

如果你在微博或微信上经常收到跟你的需求有关的广告信息，换句话说，推送的就是你想要的东西，你会烦吗？此时，多数人可能会迅速给出答案："不讨厌，还会喜欢，因为这就是我想要的，省得再去花大量时间找了。"

为什么会有这样的现象呢？因为人本能也会抗拒自己不喜欢的东西，尤其是产品广告。这就给商家提出一个新挑战，如何做到精准营销，找到目标客户，并让客户不反感广告，并且广告中正好是自己喜欢的东西。如此一来，用户不用费脑筋，商家还能直达靶心，省去非常多的成本。

每个用户的潜意识里，都是"不要让我去想"。看一下现在的网站，应该说，几乎都是让用户被动接收信息，且还充斥着大量的广告。也许有人要说，浏览者打开网站以后可以选择自己喜欢的，不应该是被动的。其实这正如你看电视、报纸一样，你所找的东西都是别人给你设定好的，你看电视、报纸也只是在别人设定的范围内选择，别人播放什么、出版什么，你就只能看什么，里面未必有你需要的信息，包括找东西都要按照别人设定的路径去寻找。现在网站的信息也是这样，用户大量的时间被用在对信息的搜寻上，应该说，互联网不同于电视、报纸，它是大量信息的载体，跨越时间长，囊括范围广，在搜索引擎的帮助下能让用户较快找到自己需要的信息，但是让产品广告的发展像电视、报纸一样让用户使用，则是一种病态和缺憾。

因此必须找到用户感兴趣并且不用费脑筋、费时间去甄选的精准推送，用户对这种"与自身相关"的精准营销类广告是不反感的，是有需求的。因为这些广告少了对用户的打扰，并且缩短用户费尽心思对比或货比三家后才购买的决策过程，节省了时间，让用户直接找到对自己有用的产品或服务。

所谓"精准推送"，就是"将合适的内容推送给合适的人群"，"合适的人群"就是比较重要的方面，因为每次推送的内容都是由APP的运营人员提前编辑和生产好的，推送的内容肯定是APP运营人员所认为的"合适的内容""合适的人群"，就要涉及对人群的精准划分。

想要精准推送首先要了解你的用户群体，即什么阶段的人群、什么职位、活跃时间、所在地区，还有更多的关注点，然后分析数据，根据你的用户特征做出相应的推送方案，确定推送形式以及推送的时间。

"精准推送"就是"精准营销"。不管是什么类型的产品，要清楚一点：精准推送（精准营销）不是向已消费的用户推送同类信息或商品，而是通过数据分析预测用户下一个需求，同时找准为该需求埋单的人。一般有四点：①挖掘未来需求；②数据分析关系网；③找准埋单者；④傻瓜式营销。

前面几个很好理解，第4个傻瓜式营销直白地说就是简单化。对于企业来说，顺应市场特征的变化而改变是生存的根本，所以，不要抱怨市场环境的瞬息万变，更不要一味固执地坚持。美国福特汽车公司就曾为固执地坚持付出了代价，其创始人福特曾说："不管顾客需要什么，我的汽车就是黑色的。"老福特敢这么说的市场背景是汽车供不应求，"皇帝女儿不愁嫁"。然而，到了20世纪70年代之后，汽车行业快速发展，新营销办法不断出现，而福特公司仍然抱着过去款式和颜色单一的产品观念，导致其市场迅速萎缩。

日本汽车像潮水一样涌入了美国，日本汽车的制胜之道非常简单，"消费者喜欢什么颜色的汽车，就生产什么颜色的汽车"。日本销售理念就特别贴合"别让消费者费脑筋"，并且也真正实现了"挖掘消费者的未来需求"，从而实现了销量的领先。

从上述事件中，我们可以得到一个营销法则，那就是要简单营销。产品简单化、营销简单化，因为消费者不爱费脑筋琢磨，他们都喜欢像傻瓜相机一样的产品。简单化会让产品变得更受消费者欢迎。

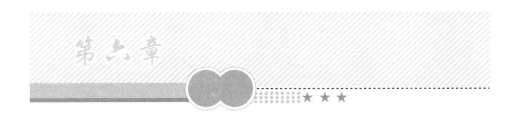

第六章

有"爆品"，更要懂营销心理

一、顾客喜欢便宜还是喜欢占便宜

营销经验告诉我们，消费者并不是喜欢便宜，而是喜欢占便宜的那种感觉。为什么这么说呢？

比如，在销售中，我们经常会遇到这样的顾客：在挑选商品的时候无条件选打折优惠的商品，即使是他们暂时用不到的，也会不遗余力地购买。因为他们觉得有便宜可占，不买的话仿佛自己就吃亏了。消费者购买产品时不是"图便宜"，而是喜欢"占便宜"，即便消费者非常喜欢一件产品，如果不能从价格上获得占便宜的感觉，他们也很难有愉悦的体验。我们在生活中也经常遇到过以下几种场景：一瓶洗发水要标建议零售价 19.9 元，实际售价 13.9 元。商家喜欢写一个标价划掉，然后在划掉的原价边上再写一个优惠价。一些女士在购买物品时，常常要求卖家降价才愿意购买。很多卖家遇到这种情况后，会告诉女士"就快下班了，我不赚钱卖你就是了""我这是清仓的价钱给你的，你可不要和朋友说是这个价钱买的""今天你是第一单生意，算是我图个吉利吧"。在价格上做些小的让步，然后成交。这些女士以为独享低廉的价格满载而归，而卖家在庆祝自己又做了一笔生意。

这些情况，就是精明的商家找出理由卖出东西并让客户觉得占了便宜。由此可见，大多数客户不喜欢对商品的真实价格进行深入研究，在他们心中，更希望买些便宜的物品。

价格是推销产品时一个非常敏感的因素，产品的价格合理才能被顾客接受。我们经常能看见标价为 98 元、198 元、298 元之类的商品，为什么商家不把这些商品标价为 100 元、200 元、300 元呢？之所以这么做，正因为商家是在研究了消费者心理以后，定出来的心理价格。98 元比 100 元只少了 2 元，可购物者心理感觉占了便宜。因此，商家喜欢玩数字游戏，利用顾客图便宜、图吉利的心理，把价格尾数定为 98、99 等。这是一种吸引顾客的好方法，也是把心理学应用到商品上的经典案例，销售人员应该善于利用这种定价方式。另外，在实践中，顾客喜欢砍价，出现这种现象是因为顾客想得到优惠。其实，砍价就像一场拉锯战，价位是否合理并不是最重要的，满足顾客的心理价位才是重要的。

还有一个价格逻辑是高价产生价值，低价出售。比如，一件市场价格为 1000 元的商品，商家卖 990 元，不会产生多大的吸引力。但是如果以 100 元卖，顾客就会愿意购买。因为原价 1000 元，顾客的思维逻辑是"高价产生价值"，尤其是当人们无法直接比较商品价值时，只能通过"价格"这个最直观的数据来判断，人们的直觉会以为"高价格的东西一定是高价值的"如果 100 元能买到，顾客就会感觉占了很大便宜，所以购买的行动力非常足，从而促进了购买欲望。

客户还很享受讨价还价的过程，这是一种赢和占便宜的感觉。所以很多商家把价格稍稍提高，预留出讨价还价的空间。而有一些商家不了解顾客心理，写着"谢绝还价"，其策略并不高明。即便消费者非常喜欢一件产品，但如果不能从价格上获得便宜的感觉，他们也很难有愉悦的体验。这里的"便宜"不是指价格有多低，而是消费者相信其购买的价格已经是非常低，是一种相对的"便宜感觉"，从这个层面来说，消费者购买产品时不是"图便宜"，而是喜欢"占便宜"。

除了在价格上让消费者体验到"占便宜"的感觉，在拓客和转介绍方面也要给足客户占到便宜的感觉。

我们来看一个美容院的经营案例：

A客户进入美容院后，美容院会推荐她先支付200元，体验一下"美白"项目。A客户体验满意后，决定充值3000元购买10次疗程卡——这属于普通的第一次促销行为。但对A客户的价值开发才刚刚开始。美容院马上发动A进行转介绍，给她10张"美白体验卡"，这10张卡每张面值200元，可以体验一次"美白"服务，但A自己不能用，必须给她的朋友，每人限用一次。

A把"体验卡"送给一个朋友B，B来体验满意后，也可能会升级购买10次完整的疗程，假如也支付3000元。那么，美容院就奖励A客户30%的提成，3000元的30%就是900元，但这900元不是直接以现金形式给A，而是以"充值额度"的方式加到A的充值卡里。这属于一种更隐蔽的奖励方式，A得到B的奖励金后，不能直接用于提现，只能用来消费。而这新增的900元额度，可以用来体验更多的新项目。

假设300元可以体验一个新项目，那么900元可以体验3个新项目，比如"减肥""排毒""抗衰"。因此，她就会介绍第二位、第三位朋友来。

在这3个新项目之中，假设至少会有一个新项目让A很满意，于是A就会继续购买新项目的完整疗程卡，又一次办理充值。

但这个系统还没有结束，当B充值消费3000元成为正式会员时，继续将这套制度用在B身上。于是B也会转介绍，以此类推。

这个模式的奥妙之处在于奖励的消费额度只能用在新服务的体验上。

而大量实践验证，只要客户开始转为介绍，他们就会留在这个体系内，他们的人脉和个人消费额就会自动倍增。

　　之所以客户会留在这个体系内，根本原因还是在于觉得"占到了便宜"。目前大部分的直销公司和微商代理，都是走这个路线。"爱占便宜"是很多顾客都存在的想法，谁不喜欢物美价廉的产品？谁不想花同样的钱获得更多的利益呢？如果参悟了消费者的心理，让其感觉"占了便宜"，营销就会相对容易很多。

二、如何让顾客"觉得"便宜

　　我们前面说到顾客要的是"占便宜"的这种感觉，那么营销的时候就要学会给顾客创造这种感觉。比如，我们常见的销售员推销话语有"你可别跟别人说我以这个价格卖给你，要不然我的那些老顾客知道了，就不好收场了"，或者是"今天新开张，为图个吉利，所以就给你便宜点"。这两种话语，应该有很多人都听过。顾客一般对实际价格研究的比较少，而顾客只想买到最便宜的产品，那么该怎样做才能让顾客"觉得"便宜呢？

　　有这样一个案例：

　　一趟飞往深圳的航班晚点，原定于15：40起飞，但是延迟了两个小时，直到17：40才起飞。为此，乘客们憋着一肚子怨气上了飞机。飞机一路上受不稳定气流的影响，颠簸不已。终于到了深圳，在下降的过程中，空乘人员在广播里说："尊敬的各位旅客，很抱歉地通知大家，刚刚接到机场的地面通知，本次航班原计划19：50降落到深圳机场，由于空港繁忙，我们的航班要推迟两个小时降落，请大家在原座位上耐心等候最新的地面通知，谢谢大家的配合。"顿时，整个机舱里埋怨声四起。过了几分钟，广播又响起了：

"尊敬的各位旅客,非常抱歉地通知大家,刚刚接到机场的最新通知,我们的航班将在20:02降落到深圳机场,飞机很快就要降落,请大家系好安全带。"顿时,整个机舱里充满了愉快的气氛。

这个案例让我们看到,提供服务的一方在顾客面前犯了明显的错误,但顾客不但不生气,反倒以为捡了便宜而使心情变得更加舒畅。这是因为机场不但洞察了客户的心理,而且还巧妙化解了客户的怨气。

再看一个案例:

古时候,有一家专门卖衣服和布匹的店铺,店铺里有一件珍贵的貂皮大衣,因为价格太高,一直没有卖出去。后来店里招来了一个叫阿武的新伙计,阿武说自己能够在一天之内把这件貂皮大衣卖出去,掌柜不信。阿武要求掌柜配合他的安排,他要求不管谁问这件貂皮大衣卖多少钱的时候,一定要说是五百两银子,而其实它的原价只有三百两银子。

两人私下商量好后,阿武就站在前面打点,掌柜在后堂算账,一上午很快过去了。下午,店里进来一位妇人,在店里转了一圈后,看好了那件卖不出去的貂皮大衣,她问阿武:"这大衣多少钱啊?"阿武假装没有听见,只顾忙自己手中的活,妇人提高嗓门又问了一遍,阿武这才装作反应过来。他对妇人说:"不好意思,我是新来的伙计,耳朵有点背,这件大衣的价钱我也不知道,我先问一下掌柜的。"

说完就冲着后堂大喊:"掌柜的,那件貂皮大衣多少钱?"

掌柜回答说:"五百两!"

"多少钱?"伙计又问了一遍。

"五百两!"

声音很大,妇人听得真真切切,心里觉得太贵,就想转身出门。而这时阿武憨厚地对妇人说："掌柜的说三百两！"

妇人一听顿时欣喜异常，认为肯定是小伙计听错了，自己少花二百两银子就能买到这件衣服，于是心花怒放，又害怕掌柜的出来就不卖给她了，于是付过钱以后匆匆地离开了。

案例中小伙计和老板设的这个营销计策正是利用了客户喜欢占便宜的心理，成功地把衣服卖了出去。最主要的是，客户也"觉得"自己占了便宜。

在实际销售过程中，诸如优惠打折、免费送货、赠品、附加服务等"小便宜"都可以让客户感到喜悦。如果这些"小便宜"已经不能让客户感到欣喜，那么销售员也可以准备一些特色优惠、特色服务，给客户一个"意外的惊喜"。

在此过程中一定要让客户意识到自己占了便宜，如果客户觉得理所应得，那么营销人员的付出就白费了。

三、超级赠品，无促不销

让顾客觉得占了便宜需要一些营销手段，比如送赠品、促销等就是其中一些比较常用的。

有些顾客有贪图小利的心理，利用人性的弱点，大家都会推出买产品送赠品的营销方式，赠品丰富会增加顾客的数量。赠品营销现在已经司空见惯，譬如买鞋送袜子，买衣服送围巾等。这些都是最普通的赠品营销手段，在现在"创意为王"的时代，这样的方法很难吸引顾客。赠品是用来吸引顾客的，所以一定要有创意。

　　促销活动要有足够的吸引力来鼓励消费者参与，要发展有新意的活动形式，同时要有一个好的主题。主题是促销活动的灵魂及旗帜，要让消费者感到参与促销活动有趣味、好玩、有意义。如果仅仅是某些常规性的优惠及奖励，消费者不一定会有热情与兴趣参与。

　　有的商家经常用"打一折"让利，也是促销的一种，很多人会觉得荒谬，但是，这个看似很傻的营销手段，却一度创造了营销奇迹。

　　首创"打一折"营销方法的是日本银座的一家绅士西装店，他们当时销售的商品是"日本 GOOD"。他们的销售计划是第一天打 9 折，第二天打 8 折，第三天、第四天打 7 折，第五天、第六天打 6 折，第七天、第八天打 5 折，直到第十五天、第十六天打 1 折。

　　按常理来说，消费者最明智的选择就是在最后两天来购买商品。但是，商家的预测是：看似要亏本的销售策略会引人注意，且加大前期的舆论宣传效果。抱着猎奇的心态，顾客们将蜂拥而至。当然，顾客可以在打折销售期间随意选定购物的日子，如果想要以最便宜的价钱购买，那么在最后的那两天去买就行了，但是，想买的东西不一定会留到最后那两天。

　　实际状况是：第一天，前来的客人并不多，来的多半是看看，一会儿就走了。从第三天起，客人就开始一群一群地光临。到第五天打 6 折时，客人就像洪水般涌来开始抢购。之后就连日爆满，等不到打 1 折那天，商品就全部卖完了。

　　那么商家最后亏本了吗？当然没有。为了避免喜爱的物品被抢购一空，在到了比预期价格更低的时候，顾客就会开始购买，而以这个价格商家也获得了预期的利润和大量的销售额。

　　这就是一种创意促销，表面上让客户以为占了便宜，实际是商家赚翻了。

可能有的人会说，我打折也可以吸引顾客，为什么要费心思去赠送赠品呢？当然，打折促销和赠送赠品这两种方式都能吸引顾客，但是作用大不相同。偶尔打折做促销，这没什么。如果为了吸引顾客经常打折，顾客就会觉得商品不值原价，商家不打折，他们就不会买，他们会等到打折再买，这样会极大地降低商家的利润。因此可以换个方式，可以赠送一堆礼品，以此提高顾客感知的价值，又不降低产品在顾客心中的价值。顾客能拿到手中实在的赠品，虽然都是优惠，但是后者更让人心里踏实。

有两种常见的赠送促销方式：

一是当顾客自认为自己花了最少的钱买到了最便宜的产品时，如果销售员能给顾客赠送一个小礼品，那就更完美了，顾客这时心里就会想："自己太厉害了，花了这么少的钱，居然还能说服销售员赠送礼品给自己。"如果你真的能让顾客这么想，那么交易成交就是板上钉钉的事情了。这里要注意的是，就算是公司免费送顾客的，也要让顾客觉得送他礼品完全就是因为人情。比如顾客的单子正好一万元，你可以说："这件礼品是必须买够两万元才能送的。"这个时候一定要表现出自己真的不能做决定，如果顾客说："你不赠送，我就不买"，这时你可以说："实在不行，那就以我个人名义送给你，你自己再交一个礼品的钱。

二是给顾客打折。如店铺门口旁写着"大减价""大促销"，这种标语足以引起顾客的注意，而且这种方法更能激发顾客购买的欲望。

当然，不是所有的打折促销都能赢得客户，有的商家越做活动客户反而越少，这种就是没有花心思在打折和送赠品上，而是为了打折而打折，为了送赠品而送赠品。

有个故事可以借鉴：

有一天一位老师去走访市场，走到第一家门店，逛完了想走的时候，店员拦住他说："先生，您今天不买也没关系，这样我们送您一份礼物，一个小马扎。"

老师一看很喜欢，因为这个东西方便又实用，家里老人、小孩都用得上，马上和对方说感谢，乐呵呵地拎着个马扎走了，心里想这家店不错，这个马扎很好很实用。老师拎着马扎走到了第二家店，第二家店同样热情地接待了他，看着老师要走了，店员一个箭步蹿上来拦住了老师说："先生，慢走，我们店里也有礼物送您。您看您手上有了个马扎，可是你们家肯定不止一口人，这样我们再送个马扎给您，这样不是更方便吗？"收到第一个马扎的时候，老师满心欢喜，到第二家店又收到了一个马扎，此时，老师就有点啼笑皆非了。马扎是个好东西，可是也不能都送马扎啊。这回麻烦了，拿两个马扎回家，拿着吧，不方便，扔了吧，挺可惜的。

所以，送赠品也不能太盲目，要讲究一些原则。

首先，在不增加太多成本的基础上给客户惊喜。我们给用户送赠品，一定是希望用户能感到一些惊喜，既然要惊喜，那对用户来说这个赠品就一定存在比较高的价值，不管是心理上还是实际上。在让用户感到惊喜的同时，我们需要考虑产品成本，不要弄巧成拙。赠品的实际成本应该是比较低的，至少明显低于用户正常获取该赠品产品的价格。比如，我们打算赠送用户一把伞，通过大批量合作采购，成本大约仅需 50 元，而用户正常在店里购买需要花费 100 元。这对用户来说，感知价值比较高；而对公司来说，实际新增成本比较低。

其次，赠品要与顾客购买的产品有相关性。比如，有一家登山协会组织了一个活动，买登山用品就赠送户外手机挂包，这样的赠品就与主消费品的关系非常贴近。

最后，赠品要与顾客的身份和品位相近或相符。比如，购买高级数码产品的用户，要赠送一些厨房用品就显得不合适，如果赠送同样微小的数码电子产品就非常符合对方的审美。

四、营销就是分析消费者心理

消费者心理是消费者对客观消费对象与其自身主观消费需求的综合反应。随着市场经济时代的到来，不仅消费者心理出现巨大变化，而且消费者的行为也发生着明显的变化。影响和决定消费的大部分因素来自于消费者心理。所以说，营销就是分析顾客心理。

有经验的销售员一定会有这种体会，所有的客户在成交过程中都会经历一系列复杂、微妙的心理活动，包括对商品成交的数量、价格等问题的一些想法及如何与客户成交、如何付款、想要什么样的支付条件等，而且不同的客户心理反应也各不相同。

消费者的购买行为主要受到需要与动机、感觉与知觉、信念与态度、情绪与感情等一系列心理因素的影响。广告创意必须在把握好这些心理因素的基础上，进行新颖、独特的想象，创造出具有吸引力的广告意境，构建起产品与消费者之间的心理联系，从而激起消费者的购买欲，达到促使消费者购买的目的。

营销战场就像是心理战场，谁先掌握消费者的心理，谁就能获取战争的主动权，成为销售中的王者。懂得销售心理的人，能够明白顾客的内心需求，并通过一定的技术引导、潜移默化的影响，成功让消费者完成购买。不懂销售心理的人，只能摸着石头过河，磕磕碰碰，有时能成交的生意被别人抢走却还不明白是为什么。

我们来看一个营销故事，学习一下成功的营销是如何分析顾客心理的：

有一位老太太去市场买菜，买完菜路过卖水果的摊位，看到有两个摊位上都有苹果在卖，就走到一个商贩面前问道："你的苹果怎么样啊？"商贩回答说："你看我的苹果不但个儿大而且还保证很甜，特别好吃。"

老太太摇了摇头，向第二个摊位走去，又向这个商贩问道："你的苹果怎么样？"

第二个商贩答："我这里有两种苹果，请问您要什么样的苹果？"

"我要买酸一点儿的。"老太太说。

"我这边的这些苹果又大又酸，咬一口就能酸得流口水，请问您要多少斤？"

"来一斤吧。"老太太买完苹果又继续在市场中逛。

这时她又看到一个商贩的摊上有苹果，又大又圆，非常抢眼，便问水果摊后的商贩："你的苹果怎么样？"

这个商贩说："我的苹果当然好了，请问您想要什么样的苹果？"

老太太说："我想要酸一点儿的。"

商贩说："一般人买苹果都想要又大又甜的，您为什么会想要酸的呢？"

老太太说："我儿媳妇怀孕了，想要吃酸苹果。"

商贩说："老太太，您对儿媳妇可真是体贴啊，您儿媳妇将来一定能给您生个健康的孙子。前几个月，这附近也有两家要生孩子，总来我这买苹果吃，最后都顺利生下了健康漂亮的孩子。您要多少苹果？"

"给我来二斤吧。"老太太被商贩说得高兴得合不拢嘴了,便又买了两斤苹果。

商贩一边称苹果,一边向老太太介绍其他水果:"橘子不但酸而且含有多种维生素,特别有营养,尤其适合孕妇。您要是给您儿媳妇买点橘子,她一准儿很高兴。"

"是吗?好,那我就再来二斤橘子吧。"

"您人真好,您儿媳妇遇上了您这样的婆婆,真是有福气。"商贩开始给老太太称橘子,嘴里也不闲着,"我每天都在这儿摆摊,水果都是当天从水果批发市场批发回来的,保证新鲜,您儿媳妇要是吃好了,您再来。"

"行。"老太太被商贩夸得高兴,提了水果,一边付账一边应承着。

三个商贩都在贩卖水果,但结果却不同。而最大的不同就是分析顾客心理的能力不同。第一个商贩只是普通地卖东西,顾客买就买了,不买就算了,没有进一步去挖掘和分析客户心理。第二个商贩虽然有些进步,但进步不大。仅限于简单了解顾客的需要,做了简短推销。最成功的当然是第三个商贩,他一开始就在询问老太太买酸水果的意图上,分析老太太心理,再进一步赞美和夸奖了顾客,最后顺理成章地推荐了另外的水果。他真正做到了顾问式营销,而成功之处就在于他懂得分析顾客心理。

我们再来看一个案例:

某商家做婴儿游泳馆设备生意,后来发现卖设备赚钱少,开婴儿游泳馆赚钱更多,于是就开了直营的婴儿游泳馆。婴儿游泳馆是常见的业态,竞争也比较激烈。由于是新店开业,进店的客户比较少。于是老板想出了一个促销方案:只要客户登记留下联系方式,就可以免费得到一张代金券,凭券其小孩可以免费体验一次婴儿游泳。

很多人感兴趣,纷纷过来登记,1天之内送出了500多张代金券。可是,这500多位拿着代金券的客户带孩子进店体验的比例很低,10%都不到,一个星期之内,打电话通知也不来。为什么?因为他们没掏钱,根本不在乎。老板很郁闷,不知道问题出在哪里,后来找到营销专家,才知道他犯了一个错误,免费送的东西,消费者并不买账。于是,老板按照老师教的方法,改变了营销手法,原来是免费送体验代金券,这次要求客户花10元办会员卡。办了会员卡,有以下好处和使用规则:

(1)只要是会员,到游泳馆一律打九折,游一次的价格是60元,九折后是54元。

(2)客户花10元办了会员卡,马上获得300元的消费额度。游一次60元,300元消费额度可以游5次,客户感觉占了大便宜。为什么说10元可以当300元消费额度使用,而不是说10元可以游5次?

第一,如果说10元可以游5次,那么游一次才2元,婴儿游泳项目变得很不值钱,破坏价格体系。第二,从客户角度来看,花10元游5次和花10元获得300元消费额度,哪一种心理感受更好?两者本质是一样的。实践证明,300元消费额度会让客户感受更好,更感兴趣,成交率更高。

(3)会员卡300元消费额度使用有时间限制,必须在一周内使用,过期作废。这样做的目的是鼓励客户尽快来,不能等到客户第二年才来。

营销不能等,必须短平快。花10元,获得如此多的价值,客户感觉很超值。原来免费送代金券,1天送出去大概500张,但转化率很低。而卖10元的会员卡,一天大概可以卖出100张,其中90%的人在一周之内进店体验,只要游过3次,基本上都会充值。

这个案例说明,即使送东西也要花心思去研究顾客心理,盲目地送,客户并不买账，成本增加但收益甚微。

所以，不管做什么营销我们要先做的就是考虑用户是怎么想的，如果一个企业能把用户的想法都想得很齐全，那么营销就有50%是成功的了；如果没有，那么营销100%是不成功的。

根据客户的不同心理时期，我们的对应策略与态度也应不同，具体如下：

第一，排斥期。在供大于求的市场环境中，无处不充斥着推销的声音，当客户遇到销售人员向我们主动推销商品时，第一反应就是——想掏我钱包的人来了。反之，如果是客户主动询问或打算购买某种商品时，则很少产生这样的排斥心理，交易也更容易达成。这是供需矛盾的消费环境塑造出的顾客消费心理。

第二，接受期。接受期并不意味着客户一定会买，但起码比排斥期进步了一点，到了这个环节，客户基本是有需求并且感兴趣的，此时该做的就是尽量介绍产品的优势，同时不断结合客户的实际需求来讲述产品能给顾客带来的利益。要分析一下，哪些产品优势是客户想要的，强调这些而非所有，其他优势顺带一提就可以。

第三，犹豫期。客户要决定购买某种商品前都会产生心理的反复，越是大额的商品越是如此。因此，与客户洽谈的时候经常会卡在某个点上，无法继续进展，你不让步，客户也不让步，通常僵持下去的结果是客户开始产生放弃购买的念头，很多成交的机会就在这个环节失去了。

第四，成交期。到了这个环节客户基本已经有了八成的购买倾向，但是此时又有一个购买心理因素在作怪，那就是当客户要做出购买决定的时候会因为将要失去选择的机会而产生不安感，此时通常会在头脑中本能地和替代性商品进行比较或犹豫是否值得购买等问题。这个时候最考验营销者分析顾客心理的能力，一旦把握不好则会前功尽弃。

营销的最高境界不是把产品"推"出去，而是把客户"引"进来。所谓"引"进来，也就是让客户主动来购买。可以说，销售是一场心理博弈战，谁能够掌控客户的内心，谁就能成为销售的王者。在销售的过程中，恰当的心理策略能够帮助销售人员取得成功，使得销售行为的效率最大化，从而创造骄人的业绩。

五、营销就是不断变化

营销人员都知道，随着经济发展日新月异，各种渠道和平台不断兴起，营销也不可避免发生了变化。

第一，资讯的传递方式在变。以往，消费者获取信息的渠道非常有限，如报纸、电台、电视等，那时人们为了看电视剧需要被迫接受产品广告，营销的推广方式很单一，也很容易。而如今，消费者了解信息的途径和渠道非常丰富又泛滥，可以看文字、图片，还可以看视频、听音频，当下获取资讯的方式很多也很碎片化。

商业传播当前正在经历着剧烈的转型，电视、报纸等传统媒体遭受冲击并在寻求自我革新的机会。由于消费者信息获取的渠道多样并且可以自由选择，他们对传统媒体甚至权威媒体的依赖程度大大降低。因此商业传播必须重新思考媒体与消费者关系的密度。

第二，营销介质在变。以往做营销，无论从商家的产品推广形式来看，还是从客户对产品的搜索过程来看，大部分都是答案式的营销思路，在各种媒体渠道设定好可选择的答案。比如，在百度里问什么样的面料最健康、什么手机最好等，营销者就在那里提前设定好答案，等着他人的搜索。哪怕是广告也是如此，营销人员从产品的角度，给出选择的理由、购买的答案。而现在没有选择的余地，因为消费者不知道自己真的缺少什么，商家也不知道该如何给出有精准定位的推广。所以，营销的介质几乎从过去的答案式营销，变成了当下的内容营销，商家要生产优质的内容，逐步让消费者对产品的理念产生信任，然后萌生需求，才能促进销售。

第三，渠道流通在变。以前的销售是"厂家—经销商—代理商—消费者"的模式。而现在生产商很多，经销商也非常多，既可以是实体店，又可以是网络平台，还可以是"微商""电商"。

第四，线上流量成本越来越高。随着网络电商的发展，企业冲到线上通过电商渠道进行销售的情形越来越多。只要电商存在比实体店更多的成本优势或者其他优势，就一定会有源源不断的商家参与线上。那么会参与到什么时候呢？一直参与到发现线上也不赚钱，否则这个流向就不会停止。而且，由于跟着往上走的惯性和商家的非理性，或者说个体商家的视野有限，参与线上的成本不但不会比线下低，反而会比线下高。

第五，促销更频繁，收效变小。现在不管是传统节日，还是西方传过来的节日，事实上在中国都是消费者购物节、商家们的促销节日。除此之外，几大电商巨头还创造了有自己"IP"属性的促销节，像阿里巴巴的"双11""双12"，京东的"618"，其当日的销售量都大得惊人。但是我们要知道一个基本的事实，对于很多企业而言，促销这种事情就是表面上喧闹，实际上利润低得可怜。有的甚至是亏本赚取吆喝。

基于这些变化，该怎么应对呢？

不断变化的环境，才是营销不断变化的动力。说到底，环境哪里变了，营销也就在哪里变。用户的需求变了，那就改变产品功能，然后和营销对接起来。用户的渠道变了，那就改变营销渠道，然后和营销对接起来。其实最怕的是自己没有营销的流程。

在新的营销环境下，传统企业该怎么做好营销呢？

首先，认清本质。营销的本质就是做一系列的事件，通过一定的手段，满足消费者的需求，占领消费者心智中的一角。

其次，认清环境。就像有句名言讲的：世界永远不变的只有变。在高新技术快速发展的今天，环境瞬息万变。10多年前的行业周期，基本上是7~15年，而现在的行业周期，最快的是半年，再长一点是3年左右。伴随行业变化的是消费者需求的变化，把握消费者是低层次的物质满足还是高层次的精神满足，是这个时代营销人员必备的技能。

最后，设计方案。通过现有的技术和平台，满足潜在消费者的潜在需求。现在所谓的互联网思维，仅只是通过网络技术满足消费者从低层次的物质满足到高层次的精神满足的一个方案而已。当科技再次进步，也许以后满足消费者需求的将是虚拟现实（VA）、增强现实（AR）、人工智能（AI）等先进的技术。

六、营销就是整合资源

所谓整合营销就是把各个独立的营销综合成一个整体，共同产生协同效应，为企业创造最大利润。

整合就是把好的发展方向、人才、资金做一个嫁接和统筹。整合营销要根据目标企业发展需要，能短期见到效果收回资金，也要根据自己公司各方面的实力、人脉等为目标企业创造价值，保证专家都有真实的能力，而且是目标企业需要的，整个流程还需要自己不断地创新、优化、完善、测试、放大，一定要争取做到同行第一。

资源整合营销，是一种抓住市场问题点，借此机会去整合各方资源而产生的营销方式，这种营销可以说是最有效的一种方式，营销人员都非常喜欢，只不过要求营销人员的能力一定要强，对于市场信息把握也要非常到位。

在营销上，也过了"一人单打独斗吃遍天"的时代，营销也需要整合资源。

在今天，靠企业自身单打独斗，力量是十分有限的，企业必须通过多种营销手段，整合各方面的资源，才能实现利润最大化。现在是商品过剩的时代，自己没有的东西别人那里都会有，甚至别人的东西正好是自己求之不得的，所以需要整合资源。整合资源能力的大小，决定了企业的发展空间有多大。

所有的营销人员都有一个共同的终极目标：降低成本，提升转化率，让营销效果最大化。从门户时代、社群时代，到搜索时代，再到现在的新媒体时代，从最初的人找信息，再到现在的信息找人，我们所面对的营销选择似乎越来越多，可是无论哪一种渠道，都有自己的优势和局限性。只靠单一的推广渠道已经无法满足日益变化的市场需求，事实上，也确实有越来越多的人将目光投向了整合营销推广。

比如，有一家公司宣传：买产品送等值车险，买手机送等值产品，买多少送多少，即买5000元产品送5000元手机，买5000元手机送5000元保险。

当我们悟透了里面的核心，就会发现通过这种模式赚钱并不复杂，会学到顶尖高手是怎么设计一个三方共赢的商业模式，他们买 5000 元送 5000 元用的就是资源整合，通过打造一个平台，通过暴利产品的对接，从中赚取利润差。

这家公司整合了一些暴利行业的商家，比如旅游、酒店、娱乐、健身、培训、美容、婚纱、高档进口红酒、高档皮具、高档家居用品等，都是些暴利的产品。假如买 1 万元保险，还可以获得价值 1 万元的产品；买 5000 元的产品，还送 5000 元的手机，这对消费者来说非常有吸引力。对于商家来说，只要提供性价比高的产品，还可以现款结算，可以获得品牌知名度，而且多了一个销售渠道。通过这个平台，相当于在全国开了无数家分店，省了招商成本和营销推广费用等，只需要补货就可以了。对于平台来说，看重的是日益增长的车主目标市场。

资源整合得好，可以实现多方共赢。我们来看一个给商家送客户的案例：

小王开了一家小广告公司，业务不多，但是接触的很多广告客户都是开店的老板，有饭店、有咖啡厅、有 KTV 等。小王为提高自己的影响力，找到其中一位老板说：张老板，你看我们广告公司有很多客户，他们也都是做老板的，我想把他们介绍给你，不知道张老板你是否感兴趣呀？"

张老板说："那当然好，具体得怎么做呀？"

小王说："这样吧，在你店里的收银台放一个小的广告牌，牌子上就写着我们公司的联盟机构，比如，小王广告公司贵宾客户服务联盟，然后，凡是持我名片去你店里的客户，你都给一个优惠，你看怎么样？"

张老板说："那敢情好啊！多谢王老板的支持啊。"

小王说："你想不想把自己店的名字也做到那个告示牌上呢？你想不想

让我那些客户，把他们店里的客户也推荐到你店里去消费呢？"

张老板说："那肯定想啊！"

小王说："那好办，只要你加入到咱们的互推联盟，自然就得到其他店里推荐来的客户了，加入联盟现在只需要500元，我已经联合了10家店了。"

张老板说："要是真能管用，5000元也值，就怕大家都藏着掖着，不肯用心推啊。"

小王说："大家互推，都不能没个理由地白送给客户，那样客户不珍惜，比如，你可以搞一个消费抽奖的活动，抽到的就是联盟优惠卡，那个卡就是你的名片，这样，既给你引来了流量，也提高了其他店的影响力，客户就会感到，这个老板真有实力，名片到这个店也好使。更何况，还是以抽奖礼品的方式送给客户的，客户会更重视的。"

张老板说："那我加入，希望我们都能生意兴隆。"

这个案例中的小王最初是以帮助张老板带来客户为诉求的，小王没有付出什么就为自己的客户争取到了优惠，同时也真正地帮助了张老板带来客户。这就让原本是小王的事，变成了张老板的事，从此这就是和张老板利益相关的事情了。这个基础是以后两人可以持续深入沟通的基础。然后，小王介绍了玩法，张老板顿时觉得如果真的能让那些人一起帮自己带来客户，那就会赚很多，于是内心蠢蠢欲动。最后，小王又讲到已经有10家店参与了，其实潜台词是如果你不参加，那么你的竞争对手可能就会参加，那么你就会错过这个好机会。如此一来，小王成功整合了10多个商家，使他们彼此形成互推的局面，同时他也凭空创造出一个服务产品，即提高了自己的影响力，又增加了收入。

未来的竞争，不再是产品的竞争、渠道的竞争，而是资源整合的竞争，是终端消费者的竞争，谁能够持有资源、持有用户，才能立于不败之地。

整合营销不是一种目的，而是一种手段。不是一种技术，而是一种方法。如果说"营销"是战术，"整合"则是统筹打法的战略——在注意力即生产力的时代，如何吸引用户、抓住用户、黏住用户，缺的并不是战术，而是统筹一切的战略。

第七章

"互联网+'爆品'"擦出新火花

一、"爆品" 才是互联网时代的通行证

互联网时代，"爆品思维"已经变得越来越重要，在互联网环境下，没有"爆品"的企业将很难生存下去。为什么这么说？因为互联网上的信息是透明的，谁好谁坏、谁是第一品牌一目了然，这会造成流量向优秀品牌倾斜甚至被优秀品牌垄断。

在线下还有可能因为信息不畅或者渠道覆盖不到给排在后面的品牌生存的机会，但在互联网环境下，这是绝不可能的。流量集中在第一品牌手中，第一品牌的销量往往是后面所有品牌的总和，这就是"赢者通吃"法则，如果不能成为第一则很难活下去。所以，互联网时代的生存法则就是集中所有资源打造"爆品"，抢占第一的位置，只有这样才有活下去的机会。

有人形容"爆品"是"互联网+"的第一张门票，严格来说"爆品"时代来临与电商关系匪浅。从事电商行业的人都知道"非'爆品'不生存"。没有"爆品"，在电商平台上是生存不下去的，这也是淘宝上卖家争相打造"爆品"的根本原因。因为没有"爆品"就没有流量，没有流量就无法生存。其实这也是现代互联网时代下很多企业家所面临的问题——引好流才能做好量，这就是所谓的"'爆品'时代"。说得直白些，有了吸引流量的产品，不管是互联网电商也好，还是其他产品也好才能在互联网时代生存。

比如，京东的核心品类是3C，都是高客单价、低频次消费型品类，为了提高用户的购买频率，培养用户的黏性，京东选择进入图书品类。图书品类就是典型高频、低价、通用性强的品类，对于提升用户黏性和购买频次有极

大的帮助。

再比如，电影票在团购网站获得客源的过程中充当的就是流量品类的角色，除此之外还有麦当劳、肯德基、味多美等门店覆盖广、通用性强的商户，也被当作流量品类广泛用于招揽新客。

有了流量然后才能产生后续的"爆品"。从销量上来说，"爆品"本身具有转化率高的天然优势，顾客购买时，总是会选择那些销量好的、大众都选择的商品。群众的眼睛往往是雪亮的，所以"爆品"转化率要高很多。如果一款产品销量和评价没几个，转化率就可想而知了。同时，"爆品"可以提升店铺人气，带动其他产品的销售，关联销售、搭配套餐都能带动同店其他产品的销售，提升客单价。

在打造"爆品"的思维上要遵循三个原则：客户的"痛点"、产品的"尖叫点"以及"爆点"。

所谓"痛点"，是指真正洞悉客户的"痛点"，体现在用户身上就是一种"饥饿感"，如同在沙漠中遇到一洼水，是发自本能的需求。比如空气净化器，只要雾霾出现就会全部脱销，这就是找准了用户"痛点"。"痛点"往往是现实中困扰用户的问题或者可以改进提升的一些点，通过创新可以大大提升体验，让用户变"痛"为"爽"。

所谓产品的"尖叫点"，就是客户对产品某个功能的认可，产品追求极致，超越用户的期望，而不是所有的点都优秀。全能型产品在互联网的商业维度里是生存不下去的，因为消费者越来越相信口碑，而口碑产生的基础不是优秀而是卓越。产品要追求超高性价比，产品性能与价格两者是相辅相成的，缺少一个都不可能引发用户的尖叫。"爆品"的打造一定要围绕核心用户，让核心用户尖叫，才会产生口碑，才会引发大众传播。

所谓"爆点",就是引爆传播的那个点,它是附着于产品上的"病毒",一旦引爆就能快速自我复制和扩散。"爆点"的形成通常从三个方面着重进行:①为品牌设计一个能让受众快速记住的信息点;②符合流行的热点;③能够突出产品情怀和故事引起客户共鸣。

只有打造了"爆品",引来了流量,才能在互联网潮水般的产品中占领一席之地,否则很容易被淹没而销声匿迹。

二、"爆品"也要走社群营销路线

企业运营的重要使命是连接用户和产品,要最懂用户并与用户打成一片。核心用户就是运营主要连接的对象,保持与他们的沟通,可以辅助团队做符合用户需求的事。把消费习惯和品类需求一致的客户聚合在一起,形成一个具有超强黏性的组织,就是时下流行的用户社群。

产品和服务好不好,能不能建立起口碑,不是自己臆想出来的,更多的还是靠用过的人口口相传。用户社群的概念也是一样,他们认可企业的产品,是企业产品的"粉丝",那么他们就会持续对外做正面的宣传,去影响更多人。如果遇到负面或舆论危机,这些用户都会出来帮企业澄清。

社群是"互联网+"的更新和升级模式,也是"互联网+"的具体体现和载体。可以肯定的是,无论是传统企业还是新兴企业,都应该能够及时接受并拥抱这些理念。打造"爆品"是第一步,如何让"爆品"呈现"病毒式"扩散和裂变,离不开社群营销。

移动互联网让更多移动终端成为传播入口,形成了一种"去中心化"的传播，让企业可以与用户零距离接触，将资源分布的特点发挥得淋漓尽致。社群思维实际上就是"圈子思维"、多人的思维模式，调动集体的智慧，形成一股强大的力量。社群思维同时也产生了另外一种思维方式，即用户思维。

互联网时代形成的圈子和社群，印证了"人以群分、物以类聚"的价值。无论对谁来说，只有当客户变成用户，用户变成"粉丝"，"粉丝"变成朋友的时候，才算得上是社群。随着互联网的发展，消费理念的变迁随之而来，由过去的产品功能性进化到用户渴望参与到产品中来，也就是有参与度才能提高用户兴趣。

社群模式颠覆了商家们的思维模式，只依靠一个"爆品"来获得利润的模式也逐渐成为过去时。社群营销的目的是将产品融入更多人的圈子关系中，让一层又一层的关系都成为企业的利润来源。

营销的本质不仅是为了实现交易或者实现商品的价值，而是要奠定持续交易的基础，持续深化供应者与需求者一体化的关系。

那么持续交易的基础是什么？通过什么方式深化供应者与需求者的一体化关系？然而最终会发现除了构建用户社群，别无他途。

正如张小龙所言：让用户带来用户，让口碑赢得口碑是唯一有效且可持续的营销方式。

比如，有一位女性，在韩国留学期间，学会了化妆品销售技巧，回国以后凭着自己的化工专业，她创办了一个高端私人定制的化妆品品牌，从生产加工到销售一条龙服务的个人企业。最初，她花费了很大的精力投入到广告和推广中，但两年下来，生意并没有想象的好做。虽然她也建立了不少 QQ群，也在天涯社区开帖，各种能笼络"粉丝"的事情都积极去做，但依然没能收到很好的效果。当她开始接触"微商"的时候，她发现移动互联网要比

PC端淘宝这种销售更有黏性,她开始重新定位自己的社群。她发现,产品说得再响亮,广告打得再响亮,没有口碑宣传也起不了多大的作用。她开始在周围拓展朋友,她分享的内容给朋友们传递的都是正能量、积极的东西,慢慢地这类朋友跟她的互动多了起来。后来,有几个她认为不错的人,做起了她的代理商,由她进行统一培训。再后来,第一批做她代理商的朋友成为区域代理,她的产品已经卖向全国,而且盈利是以前的很多倍。她的社群靠的是朋友之间口口相传,以及共同的爱好和价值观。她社群里的人都是25~35岁的已婚女士和妈妈们,在交流育儿心得和讨论家庭纷争方面,互相之间都能产生共鸣。同时,她们总会不定期举行线下沙龙、妈妈宝宝亲子活动日等,她的社群越做越好,黏性越来越强,由此带来的经济利益就是她的产品销量一直很稳定。最后她不仅卖出了自己的产品,由她带动的社群也一起组建了户外旅游驴友团、自驾团等,其中参与社群中的成员有的是卖鸭脖的,有的是做亲子教育的,有了互动和相互熟识的关系,其他人也都在社群里获利,形成了良性的生态圈,互惠互利。

一个产品成为"爆品",很容易在社群中产生裂变。在社群环境中,基于用户信任,产品一旦受到个体的控诉就很容易引发群体怀疑,甚至演变为群体控诉。相反,产品如果得到社员的广泛认可,他们的口碑宣传会直接为社群带来裂变价值。

我们看看"良品铺子"是如何把社群发展壮大产生良性互动的:

拥有2000多家线下门店是"良品铺子"获取流量的核心优势,休闲零食的消费又是高频的,做促销活动也很容易招揽新客户。所以前期良品铺子就通过各种活动,建立了以地域划分的良品铺子"粉丝俱乐部",以"粉丝地域群"为单位组织开展社群活动,并通过线下沙龙、城市"PK赛"等,让"粉丝俱乐部"持续活跃起来。而在门店，良品铺子改变员工角色，将现有会员进行线下社群分组，由社群附近特定店员负责维护，保证再小的地域社群都有专人运营维护。良品铺子建立的不是一个大而泛的社群，而是具有地域特色的社群"矩阵"。为了做好"粉丝"社群运营，良品铺子还专门成立了社交事业部，专门负责各类优质、创新内容的开发。社交事业部成立了"核桃TV"，全权负责《让嘴巴去旅行》《好食光》《良身定制》《开心果剧场》4个精品栏目的运营。在新媒体负责人段文的带领下，内容原创、借力"IP"、打造自带"IP"的社交产品，"蹭热点"、娱乐营销、互动活动等，良品铺子微信公众号和"粉丝"一起发展壮大。

所以，真正的社群不是指手机里有多少群，因为不是所有的群都能形成黏性，都能带来生意。比如，自己家人的群、公司同事的群，以及别的公司卖产品和服务的群，都不能算严格意义上的群，或者应该叫没有互动的"死"群。因为，这种群虽然是进去了，但不知道怎么跟群里的人互动以发展成资源，久而久之群里没人讲话就变成"死"群了。所以，真正的社群并不是几个人建立起来的，而是基于兴趣、价值观、信仰而聚合在一起的。

兴趣社群更加注重群体的力量。以前的论坛、贴吧、豆瓣小组便是兴趣社群最好的载体，这些有共同兴趣、爱好、话题的人聚集在一起自由地交流，分享彼此对某一事物的看法，从而利用口碑效应、改变一些人的消费行为。

在今天，人们的消费是分阶级的。相同阶级的人可以玩在一起，可以买相同品牌、价位的产品，但是不同阶级的人就很难玩到一起。大家在购买产品时不再是基于功能性的消费，而是在某个场景下，要送给朋友、同事等关系人的消费。精准营销就是产品特定为某一类人设计的，其他人不是目标用户。社群要解决的就是我们需要的目标用户，如何使这些人跟我们协作、连接、互动、产生良性循环才是关键。

　　另外，真实性是社群的灵魂，连接催化了真实性，社群的生成和维护更为可行。一方面，中介消失，生产者可直接与用户连接，更具真实性，当连接变得充裕，用户也更追求真实性；另一方面，互联网向线下渗透，寻求更大的价值空间，O2O兴起，垂直服务成为可能。任何企业、组织乃至个体能直接和用户连接，真实性、价值性、人情味开始回归；大众商业开始解体为一个个小而美的围绕特定需求、垂直服务的社群。

　　社群时代，以连接一切为目的，不仅是人的聚合，更是连接信息、产品、服务、内容、商业等的载体。尤其随着社群背后"粉丝"的成长和兴趣转移，社群还需要承载更加复杂的商业生态，究其根本原因，就是个体独特性和个体从众性两者不断地动态混合，单纯靠内容和商业来维持社群的正常运转很容易陷入停滞期。因此，必须源源不断地输出新的内容和更丰富的商业形态，包括"社群+公益"，才能真正持续地凝聚一群人，满足永不停歇的人性追逐。

三、"爆品"要借助口碑的力量

　　在没有互联网的时代，人们会说"好事不出门，坏事传千里"，那只限于人们在街头巷尾口耳相传，坏消息都会不胫而走。而在互联网时代，商家都有最真实的体会，尤其是电商，一百条好评抵不过一条差评，这就是口碑的力量，如果是正面口碑，通过口口相传，品牌就有了生命力，反之则会"死"得很惨。

一个好评会让用户心甘情愿地为品牌多付多少钱呢？调查显示，如果是积极正面的口碑，人们会更愿意多付 10%；反之，则是少付 11%。

为什么这么说？因为商家所有的主动宣传，只能触及第一级受众，商家做得再好，触及的人再多，对他们影响再大，都是有限的，而且成本巨大。过去口碑传播效率低，传统营销和品牌建设工具我们称之为一次营销工具。商家对这个人是否帮自己宣传（二次营销），以及他能宣传到多少人，几乎没有控制力，更不要说他宣传完之后，他的朋友是否还会继续被打动而再次宣传（三次营销）。

过去，好产品用完后客户也有口碑，但传播率很低，衰减率很高，跟别人宣传的机会很少，他再去传播给别人的可能性会更低。移动互联网时代，一些"爆品""快公司"的出现，都和"足够好"的产品，遇到"足够猛"的社交有关，这就是互联网时代口碑的力量。

因此，如何让客户欣喜并自愿去给产品进行口碑宣传就成了考验企业的头等大事。

能让客户感到欣喜的企业，相当于拥有了一个免费销售团队。你看不见他们，但他们却无时无刻不在替你宣传。你的客户会去投票，去交流，如果你令他们喜悦，他们在外面会像你的推销员一样去宣传。如果你希望客户成为你的销售人员，只要让他们感到欣喜，他们就会那样做。如果你做到了这点，你就一定会成功。不要止步于让客户满意。如果那个人觉得"我从未有过比这更好的体验"，那么自然而然就会回头再次购买你的产品。

要让你的客户爱上你，爱上你的产品，那么就要做超过客户预期的东西。同时，为了让你的"粉丝"更加热情、引人关注，你必须好好爱护他们。网站可以专门为"粉丝"设计一个展示页，精心安排一些内容以表现人们的满意感受、反馈，甚至包括一些短视频、"粉丝"的感谢信等。总之，让你的客户觉得自己被重视、被珍惜，购买你的产品时会有一种被优待感，产生一种在别的商家那里感受不到的优越感。

不要轻视设置"粉丝"展示页这个简单的动作，一个好的展示页，就如一张精心制作的名片，通过社交网络的不断分享和传播，人们会主动地来向你"要"名片，来了解你的品牌，这比你到处去打广告、发名片有效得多。好的展示页，顾客会自然而然帮你传播，这便是品牌传播渠道的一个有力延伸，是线下到线上的一个无缝对接。

那么，如何维护客户才能使其变成伙伴呢？

想要让客户转化成"粉丝"，先了解客户转化过程，客户发展的基本过程是：潜客—新客—老客户—流失客户—忠诚客户—粉丝—分销商。

因此建议：第一，统计分析，了解客户回购周期、客单价、回购频次等信息，以便制定后期策略。第二，产品周期营销。在购买期做好体验服务，及时跟进客户，提醒客户二次回购或者给客户促销优惠等。第三，会员生命周期维护。定期更新朋友圈的分享和一些促销活动，给不了解的用户多一些了解的机会，看看别人是怎么发展起来的，客户之间还可以进行沟通交流，分享自己在运营系统的心得。

四、互联网时代，"爆品"需要"IP化"

产品最终的走向无非是专业化、互联网化、"IP化"。这里所说的IP，则是指"知识产权"（Intellectual Property），即是一个称为"心智创造"（Creations of the Mind）的法律术语，包括音乐、文学和其他艺术作品，发现与发明，以及一切倾注了作者心智的语词、短语、符号和设计等被法律赋予独享权利的"知识产权"，英文简称为"IPR"（Intellectual Property Rights）。常见的 IPR 有版权、专利权、工业设计权以及对商标、商业外观、商业包装、商业配方和商业秘密等进行保护的法律权利。正是这些受法律保护的权利，才使得那些"心智创造"成为无形资产，可以进行买卖交易。

泛娱乐化时代，"爆品"不单单是一个商品或一项服务，还可以是策划一个短视频，拍一个抖音视频，这些都能带来利益。所以，有了"爆品"还要将其"IP 化"，未来的品牌都将"IP 化"，IP 也一定会品牌化，孵化超级 IP 打造持续"爆品"是未来商业思路。

据《爆品战略》作者金错刀评论，《微微一笑很倾城》作为 2016 年大火的电视剧，融合了明星 IP、文学 IP、网游 IP，可谓是 IP 价值表现的大成之作，深度挖掘了"粉丝"经济的潜力。杨洋等明星的"粉丝"，小说的"粉丝"，还有《倩女幽魂》网游的"粉丝"，通过一部电视剧彼此串联，互相影响和转化，并形成共振效应。它的爆发，值得所有想尝试 IP 变现的企业学习。

不管 IP 有多少种解释，但嫁接到品牌营销层面，它的目的是清晰的，那就是让品牌变得生动、具体、鲜活。品牌越是和具体的概念相关联，消费者的认知就越容易变得感性并与产品拉近距离。比如江小白、三只松鼠都拍过同名动漫，这些动漫在拉近与消费者的关系上无疑起到了很好的效果，也能引发更深层次的共鸣。

品牌建设是一个过程，一个通过产品或服务实现商业价值的过程。"IP 化"也是一个过程，一个通过内容构建实现商业价值的过程。从某种意义上讲，"IP化"是高于品牌建设的，可以说，品牌建设是"IP化"的初级阶段，当一个品牌建设具有独立人格和魅力时，就步入了高级阶段。需要注意的一点是，品牌只是IP的一个子集，在"IP化"一词还未出现以前，就已经有将品牌实现"IP化"的例子，比如，可口可乐公司从卖饮料成功转化成了一个商业IP，代表快乐和梦想。如今，可口可乐公司已不再是单纯意义上的饮料制造工厂，而是"乐趣+梦想"的制造者。有人说，它成功地从一个软饮提供商转型为一个"娱乐公司""内容提供商"。可口可乐通过在世界各地进行各种各样、数不胜数的营销活动；赞助各种节目等，释放它的"快乐与梦想"情怀。比如，可口可乐赞助《美国偶像》这档火爆的综艺节目，就是在彰显自己对梦想追求者的支持。试想，如果现在把可口可乐经典的弧形瓶，做成一部有关"弧形小姐"的动漫，这个"弧形小姐"就是快乐和梦想的不懈追求者，是不是很有意思呢？

"IP化"是一个基于消费群体运作的全新商业概念，如今好产品的终极目标不是畅销，而是"IP化"。IP可以将人与产品紧密相连，用IP驱动产品，优质IP本身会具有价值观，营造出一个"故事"场景，受众不是听故事的人，而是参与者，只要受众认同IP，也就成为故事里的一环，而产品则是通往这个故事的"钥匙"。比如小米手机从诞生之日就是一家有"IP化"倾向的公司，小米将自己做成一个IP，通过社区和社交网络打造粉丝社群和参与感，一度成为国产手机第一品牌。

对于IP来说，它们既是产品又是内容，IP可以是文学作品、漫画、动画、电影、话剧、游戏、益智、快消品，甚至只是一个概念、一个网络热词，只要有足够的人气，就可以后续衍生成为电影、电视、游戏、音乐、动漫、文学、周边创意等各种产品并附加收益。

IP 已成为一个现象级营销概念，它如今已扩展到能仅凭自身的吸引力挣脱单一平台的束缚，在多个平台上获得流量、关注，进行分发整合的内容，衍生成各种产品及附加收益，成为企业营销重要的内容资源与平台。

如今，在 IP 资源日趋暴涨的时代下，一个强大的 IP 品牌能让消费者清晰识别并唤起消费者对品牌的联想，进而促进消费者对其产品及衍生品的需求。占有了 IP 就占有话语权，品牌借势 IP 资源开展多元营销传播、拓展多元市场，已经成为众多商家青睐的手段，IP 营销也成了当下最吃香的营销方式之一。

当然，无论什么品牌，要想成功地实现 IP 化，必须要重视以下几点：

第一，产品必须是"爆品"。什么是"爆品"？即品质突出、服务体验超预期、有颜值、有内涵的产品。无论什么营销，价值都是第一位的，没有价值，再华丽的营销手段也是无米之炊。在价值突出的基础上，再夹带一些社交属性，比如通过包装设计引发关注和制造互动话题，江小白的表达瓶就是如此。

第二，善于"卡位"和占位。打造 IP 离不开社交媒体传播，微博、微信名人都是抓住了微博和微信的红利。所以，打造品牌 IP 必须要研究媒体，抢占机会。此外，如果想要长久发展还必须学会跨媒体发展，也就是不要把鸡蛋放在一个篮子里，"罗辑思维"在微信火了之后，又先后转战优酷视频和 APP 就是这个道理，这既可以分散风险，又可以形成媒体矩阵，交叉传播。

第三，持续化的内容产出。这点的重要性毋庸置疑，因为 IP 就像一杆大旗，而支撑它迎风不倒的正是内容，并且是持续的内容。

第八章

"资本+爆品" 才是商业真未来

一、有"爆品"也要懂资本运作

对于企业和企业家来说，迟早都要做资本运营的，有了"爆品"更要搞懂资本运作。从企业家到投资家的转变是一个人迈上台阶的过程。对于企业家的人生来说，一开始做事就是为了做好产品，让产品畅销，到后来开始关注产业，关注产业上下游的发展，关注价值链的整合和运营。到了投资家的阶段，已经不再将自己固定在某个产业某个界限之内，而是开始发现机会，整合资本，帮助一个个经营天才和技术天才取得市场成功，然后分享这种喜悦，也会分享这种成果。

资本运作是一个强大的助推器，对企业的发展起到强大的推进作用。纵观世界上众多著名企业的发展史，有一个明显的规律，那就是许多企业都是从产品经营起家，经过长期的积累和发展，在行业内达到一定水平和规模时进行资本运作，经过公司上市、企业并购、战略投资等一系列资本运作手段，加强产品经营或者介入其他行业开创新的天地，逐步把公司做强做大。

对于资本是这样解释的：资本运作=资金（有形）+人际关系+社会关系+文化。资本运作又称资金运作，包括连锁销售、资本孵化、民间合伙私募和互助式小额理财，是通过买卖企业和资产而赚钱的经营活动，利用以小变大、以无生有的诀窍和手段，实现价值增值、效益增长的一种经营方式。简言之就是利用资本市场，以小变大、以无生有的诀窍和手段，通过买卖企业和资产而赚钱的经营活动。

关于资本运作，有以下两个小故事：

第一则故事：

这是炎热小镇慵懒的一天。太阳高挂，街道无人。这时，从外地来了一位有钱的旅客，他进了一家旅馆，拿出一张1000元钞票放在柜台，说想先看看房间，挑一间合适的过夜。就在此人上楼的时候，店主拿着这张1000元钞票，跑到隔壁屠夫那里支付了他欠的肉钱。屠夫有了1000元，横过马路付清了猪农的猪钱。猪农拿了1000元，出去付了他欠的饲料款。那个卖饲料的老兄拿到1000元赶忙去付清他召妓的钱。有了1000元，这名妓女冲到旅馆付了她所欠的房钱。此时那人正下楼来，拿起1000元，声称没一间满意的，他把钱收进口袋走了。这一天，没有人生产了什么东西，也没有人得到什么东西，可镇上所有人的问题都完美地得到了解决。

第二则故事：

有一天，一个银行家的儿子好奇地问他爸爸，他是怎么赚到这么多钱的。银行家放下手上的事情，微笑地让他的儿子把冰箱的肉拿过来。儿子拿过来了，银行家让他再放回冰箱。儿子把肉放回冰箱后，莫名其妙地站在那里，不知所以。在等待了很久后，儿子终于鼓起勇气，问他爸爸拿猪肉和这个问题有什么关系，银行家盯着儿子看了一会儿，终于笑眯眯地说道："猪肉原来在冰箱，现在还在冰箱，但是你的手上是不是多了什么东西？"儿子看着手上的猪油若有所思。

从上面的两则故事中不难看出，资本不是一个金钱的概念，而是市场组成元素，资本和市场是紧密关联的，没有市场，资本也就不是财富了。大多数人毕生追求的东西其实是财富，或者说是财产，而不是资本，资本属于那些资源的整合者，在资源整合者的眼中，这个世界上能够过眼的东西，都是资本。

不少企业家认为，经营企业无非就是卖产品，只要产品卖好了，企业就算做好了。因此，和他们讨论把产品做成拥有"粉丝"的"爆品"，他们往往非常有热情，而且确实下了大功夫，不少企业都做出了区域第一或品类第一的"爆品"。然而这还不够，这仅仅是在做产品经营。

其实，无论从经济学还是从管理学来讲，企业经营都分为两大类：一类是产品经营，就是指企业卖产品的能力；而另一类则是资本经营，是企业运转资本的能力。产品经营可以把企业做强，只有懂资本经营，才能把企业做大。商界和营销界的高手和耳熟能详的那些企业，比如京东、百度、腾讯、阿里巴巴等，哪一个不是资本运营的高手？国内外知名企业之所以能够在较短时间内迅速扩大规模，一方面得益于其确实是产品经营的高手，另一方面更因为他们是资本经营的高手。

小米手机其实是典型的通过资本运作成长起来的企业。小米先会找到合作方、投资方，告诉他们将用全新的方式做手机，然后大家一起来做，在还没有开工之前就拿到了投资，并且组建了一个分工型、协作化的团队。然后它会告诉消费者要做一个什么样的手机，配置是多少、价格是多少，找到了自己的消费者，拿到了订单之后，这时再去找工厂去做代加工，然后以手机为渠道，不断做深、往外延展。小米走的就是轻资产、精定位、做纵深、高增长的资本运作路线，背后形成了一条生态链，价值巨大，却又不需要工厂和设备，这就是典型的"资本运营"，其背后的杠杆作用的力量是巨大的。

在企业的产品运营走上正轨以后，再借助资本的力量来为企业补充能量，提升企业资源的效率和利用价值，让企业以较少的投资来撬开更大的市场，就可以实现跨越式的发展。因此，一个企业要想成功，必须同时做好产品经营和资本经营，两条腿走路，相互扶持经营好产品，让企业拥有爆发的潜力，才有可能得到资本市场的认可，同样，只有做好了资本经营，企业才有充裕的资金来反哺产品经营，二者本身就是一个唇齿相依的良性循环。既要能打造用户为之尖叫的"爆品"，也要能掌握时机与资本联姻，最后达到双方共赢。

二、"资本+爆品"为自己作嫁衣

一个产品从无到有不过三点：市场、资源、团队。这些宏观的套路与道理，路人皆知，能说的话两万字都不够。但在此抛开情怀、抛开套路、抛开计划，只谈资本。

"爆品"只有拿到更多的融资才能把自己成功"嫁"出去。比如，"三个爸爸净化器"通过前期一系列宣传和策划，已经将品牌、情怀和故事讲给了消费者，下一步就是如何让自己快速拓宽市场。在京东众筹，其融资额已经成为行业第一，明星项目"三个爸爸空气净化器"更是创造了1122万元的众筹纪录。当然，如果创始人名气足够大，也可以采取微博、微信等渠道进行跨界众筹，就像罗振宇的《罗辑思维》一样。"三个爸爸空气净化器"，在京东众筹时同步发动了诸多微博"大V"、微信名人转发，线下有多个渠道配合宣传，创始人戴赛鹰还上传了一段自己的视频访谈。在雾霾引发全社会担忧的背景下，投入巨大、单价较高的"三个爸爸"最终筹资1122万元并不令人意外。

在过去的年代，如果你不靠别人，也不需要更多的钱去扩张和稳固竞争，靠有限的自筹资金慢慢发展可能还行。但是目前的创业生态发生了很大的改变，很多公司都是依靠资本催熟的，像滴滴打车、饿了么、美团等，就是比谁更快，谁更有钱。其实，前期起步阶段，大家差得并不是太多，但是随着资本进入，立马就见分晓了。如果拼命地砸钱，把用户圈进来，就可以做漂亮数据，拿更多的钱，再砸更多的钱，反之就可能被收购。

创业要时刻存有融资加盟意识。站在现代市场经营的实战角度，确立与时俱进的融投资意识，对于个人和企业适应市场和发展经营，有着重要的指导作用。因为所有的企业都有融资需求，包括风险投资公司银行，他们都需要融资。只是我国90%的企业，没有把融资当成一项企业经营与管理的基础工作，而是看作临时性的企业需求，资金遇到困难了才想到融资，平时对融资知识的学习，对资本主的沟通、人脉的培养、融资专业顾问的储备等，都不当回事。

当然，不把融资当回事，也不算错误的企业经营与管理，而让人感到悲哀的是，90%的企业不懂融资，即使有融资需求，也很难快速、有效地获得资金。

具备融资意识的人，不仅知道资金的重要性，也知道融通资源的重要性，而资源包括的范围很广。比如，三国时的刘备文武都不行，人力、物力、财力都极度匮乏，为了经营恢复汉室的宏大事业，三顾茅庐邀请身无分文也无家世背景的诸葛孔明，融取的就是诸葛亮的智慧和能力，使他成为刘蜀与曹魏和孙吴三家竞争谋利的最重要资本，而刘备用来交换诸葛亮这一"稀缺资源"的代价，也并非"货币金钱"，而是"梦想、尊重、情感、信任"等非物质因素，换句话说，是刘备特有的社会资源、人际资源。至于诸葛亮愿意用"鞠躬尽瘁，死而后已"的全部自我资源来交换，又是受到了双方共同的社会环境背景资源、彼此认同的文化传承资源的影响。又如《凯叔讲故事》

有了知名度以后开始融资，凯叔以故事这个入口为依托，拓展出非课堂儿童教育、"父母训练营"、亲子电商"凯叔优选"、智能硬件"随手听"等多条产品线，围绕 IP 打造多种形态的商业闭环，而非单个具有流量价值的"广告牌"。得益于此，《凯叔讲故事》的收入也从年收入千万元变成了年收入过亿元。

所以，一旦企业打造了品牌和"爆品"，就要将品牌资本化，用品牌去实现再融资，只有走"爆品+资本"的路线，才能放大品牌的影响力。

无论是什么样的企业，都有适合自己的融资方案，同时，一个企业也许有多种融资方案，并不一定非要找风险投资、民间高利贷，或者提供抵押物找银行贷款，多熟知一些金融知识，就可以针对自己企业的状况，合理地设计多款融资方案，解决企业的资金之急。我们要做的就是，在企业管理和经营的日常工作中，提升融资的意识，并提前做好基础工作，例如建立企业的信誉，建立干净的财务账目，建立金融圈的人脉关系等。也许，你现在不需要钱，但是你做的每一件事，都和未来的钱有关。

三、"爆品"与资本的联姻路径

资金、"爆品"和人才三大要素组成了真正的资本市场，如何能让"爆品"与资本珠联璧合，是每个公司都需要面对和解决的问题。因为，每个公司都会在不同阶段遭遇发展瓶颈，或缺乏资金，或缺乏"爆品"，或缺乏人才，而企业凭什么能与资本市场联姻？

其实答案还是离不开资金、"爆品"和人才。企业缺什么，就需要通过资本市场找到什么，我们将其归纳为企业与资本联姻的三条路径，它们就是敲开资本市场大门的金钥匙，假如有了"爆品"，需要的两条路径，一是资金，二是人才。

付小平在《爆品资本》一书中，站在企业家的角度解答了上述问题，深入浅出地指出企业玩转资本市场的路，帮助企业打通发展过程中面临的"爆品"、资金和人才瓶颈；也指明了三条"爆品"联姻资本的路径：股权融资找资金、股权投资找"爆品"、股权激励找人才。

第一，股权融资找资金，大多数成熟的创业者，未必会着急去做股权融资。找资金的方式有很多，比融资更重要的是产品和商业模式的打磨，不要以为用别人的钱试错就没有负担，企业付出的是自己的信用和职业生命，一旦踏出就没有回头的路。

要做到股权融资又降低股权融资的成本，需要注意以下几个方面：

一是保持适当的融资节奏，企业如果正常良好发展，创始人要有精明的打算，什么阶段融多少资要有一个比较精准的判断，早期的股价比较便宜，发展得越好，溢价越高，每次的融资额足够用到下一次融资，越到后面通常价格越高，等量资金稀释的比例越低。

二是投票权未必等同于股份份额。激励管理层一般可以通过间接的方式，例如通过创始人控制的持股平台公司间接持股，这样管理层可以要求变现，可以分红，但是没有投票权。或者通过一定的安排和协议，将分红权和投票权分离。可以学习华为，高管离开公司，可以立即以现金变现，但是股份必须交出来。

三是多学习借鉴基本运作比较成功的企业。创始人可以进行 AB 股设置，比如京东的刘强东，京东上市后他的收益权比较低，但投票权叠加比较高，对公司控制权很大，这是其精妙之处。此外，值得借鉴的是，阿里巴巴的马云其做法是采取合伙人制度，大家所持股权很分散，但都听马云的，使得马云能间接控制阿里巴巴的决策。

比如，1999年，马云怀揣50万元人民币，带领18个创业者，用激情创建了阿里巴巴，但是50万元启动资金不到半年就用完了，怎么办？马云将目光投向了资本市场，开始了自己的"找钱"生涯。凭借专业的商业计划书，他获得了高盛500万美元的天使投资基金。随着企业发展越来越快，资金缺口也越来越大，因此，尝到股权融资甜头的马云再次与资本联姻，仅用了短短的6分钟，就说服了当时的亚洲首富孙正义，并向软银基金融资2000万美元，向高盛融资500万美元。这2500万美元的风险投资基金帮助阿里巴巴度过了2000年的全球互联网危机，并打造了今天全球领先的电子商务公司。2015年，阿里巴巴成功在美国上市，并成为一家市值2300亿美元的公司。

第二，股权投资找"爆品"。如何凭借专业的眼光和行业洞察力，持续发现商业机会，投资"爆品"、投资未来能够高速成长并为股东带来巨大回报的股权？

投资者在选择创投项目时更多是看中创业公司的潜在价值与发展前景，包括创业团队的素质与能力、行业现状、创业公司发展阶段及自身特色优势等。而创业公司除了看中投资机构的"钱"之外，也更注重自己的感觉，比如与投资者是否有眼缘，对于行业是否有共同的眼光及立场。

第三，股权激励找人才。股权激励是对员工进行长期激励的一种方法，是企业为了激励和留住核心人才而推行的一种长期激励机制，有条件地给予激励对象部分股东权益，使其与企业结成利益共同体，从而实现企业的长期目标。股权激励中的重要一环就是确定划分的利润单元，同时确定利润单元的激励对象,通过利润单元的划分并模拟出老板,来激发员工的积极性并让员工享受相应的利润分成。

股权激励是一种通过经营者获得公司股权形式给予企业经营者一定的经济权利,使他们能够以股东的身份参与企业决策、分享利润、承担风险,从而勤勉尽责地为公司的长期发展服务。现代企业理论和国外实践证明股权激励对于改善公司治理结构、降低代理成本、提升管理效率、增强公司凝聚力和市场竞争力起到非常积极的作用。

培养具有经营意识的人才,同时在企业内部施行股权激励或事业合伙人制度,将企业的核心员工紧紧地和企业捆绑在一起,从雇佣关系变成利益共同体,进而成为精神共同体和命运共同体。当然,在实施股权激励的过程中,必须先统一大家的思想,再统一大家的利益,当老板和员工的利益一致,员工就会和老板一样关注公司的发展,和老板一起创造未来并享有未来,共同承担风险。

所以,想要打造企业的资本市场,要从资金、"爆品"与人才三个路径进行,才能达到"爆品"与资本的联姻。

四、打造"爆品"上市路径,让财富翻番

每个企业发展到一定规模,无论是想要更大的发展还是更便利的条件,都会走"上市"这一路径。公认的事实是,公司一旦上市就会迎来一片光明前景。上市可以使得企业提升或扩展业务而融资,通过上市企业可以获得公众和国际的认可,从而有利于吸引人才或是在行业竞争中取得优势。无论寻

求上市的动机为何，公司公开上市确实能够带来很多潜在的好处。无论是从创始人的角度还是投资人的角度来看，上市都会给他们带来可观的价值回报。无论是"爆品"思维还是"爆品"嫁接资本实现商业晋升，最终的出路和走向也都是通过上市让财富翻番。

企业一旦上市，会提高公司公信力和知名度，获得更多发展机会。公司披露的信息、证券交易信息以及券商等投资咨询机构对公司的研究信息等通过报纸、广播、电视、网络等媒介不断向社会发布，可以提升公司知名度，扩大公司的影响力，提高公司的市场地位，有助于公司树立产品品牌形象，扩大市场销售量，增强公司的业务扩张能力。同时，上市公司的股票期权计划或其他员工认股方案，对员工具有极大的吸引力，可以吸纳、留住优秀人才，可以激发员工的工作热情，增强企业的创造力、凝聚力和向心力。

除了让创始人和投资人受益之外，上市还能带给社会更多的回馈。比如，地方政府推动企业上市已经成为普遍的一种现象，为了地方经济，为了地方品牌，为了地方人民，为了地方综合竞争力等，政府会非常赞同企业上市，并且会尽力促成。

现在做企业都会说这样一句话：公司赚不赚钱不重要，公司只要市值高，我们可以靠股权融资赚钱。

当前，我国企业上市挂牌主要分为三种方式。一是在境内外证券交易所上市。境内则有上海证券交易所和深圳证券交易所（通称"沪深股市"），深交所同时建立了主板、中小企业板和创业板差异化发展的多层次市场体系；境外交易所如纽约证券交易所、美国纳斯达克、伦敦证券交易所等。在交易所上市的企业则将成为上市公众公司，其达标条件、准入审批十分严格，所需时间较长、费用较高。二是在全国中小企业股份转让系统（简称新三板）

挂牌交易。在新三板挂牌企业则将成为非上市的公众公司，其达标条件和审核条件相对较低，所需费用和时间相对次之。三是在各省份建立的区域性股权交易场所挂牌。

被誉为火锅界"扛把子"的海底捞，也走上了上市的路。上市时高开5.6%，随后一路高歌猛进，一度涨逾10%，市值突破千亿港元。海底捞登陆港股创下了一个纪录：发行定价为17.8港元，每手1000股，这就意味着投资者的入场门槛为1.78万港元，是香港交易所历史上入场门槛最高的新股。大多数的投资者认为海底捞不会让投资者失望，因为这家企业不但具备打造"爆品"的思维，而且在营销服务上，始终做到了"爆品"的火爆和"长爆"，让人赞不绝口。

海底捞利润的大幅增长来自于门店的开店速度快及单店运营能力强。海底捞旗下所有门店均为自营，截至2017年末，海底捞一共拥有273家门店，其中24家位于中国台湾、中国香港及海外市场，年服务顾客超过1亿人次。公司自成立以来主要依靠自有资金和银行贷款扩张，没有对外股权融资经历。与行业规模相对应的，是中国餐饮业举步维艰的资本化进程。迄今为止，在全球各地上市的中国餐饮企业只有30多家，且大部分为香港本土餐饮公司。由此，有业内人士表示，此番海底捞上市，或昭示出餐饮行业和资本市场的结合在未来将会更加紧密。

不管现在的企业家能不能接受这个事实，"市值"这个词已经进入大家的视野。对传统企业来说，光靠产品差价赚钱，已经很难生存了，所以必须靠资本市场的资金带动企业，而打造上市路径是唯一的出路和选择。

参考文献

［1］金错刀：《爆品战略：39 个超级爆品案例的故事、逻辑与方法》，北京联合出版公司，2016 年。

［2］徐荣华：《爆品思维》，化学工业出版社，2016 年。

［3］舒立平：《打造爆品 互联网产品运营实战手册》，人民邮电出版社，2017 年。

［4］郭瑞强：《爆品运营：如何打造一款成功的产品》，中国经济出版社，2017 年。

［5］［英］布里克：《小企业品牌营销引爆手册》，中信出版社，2015 年。

后　记

本书在建立"爆品思维"的基础上，推广引申出如何打造爆品，实现真正的既要火爆又要长爆的营销节奏。是我和团队对互联网思维在认知基础上的升华，它是我们先摸爬滚打，再深度学习，最后颠覆自己而提炼的方法论。无论是"爆品营销"课程还是本书我们一直专注实操，把自己遇到过的成功方法和失败经验都写进书里。我欣赏能推出爆品的企业，更敬佩打造经典的企业。我们认为企业应该以做经典的态度去做爆品，塑百年品牌，建长青基业；企业应该以做经典的技术去做爆品，融匠心精神，铸独特精品；企业应该以做经典的手法去做爆品，引爆关注，口碑流传。